A2

alter
ego+
méthode de français
Cahier d'activités
2

Annie Berthet
Béatrix Sampsonis

Catherine Hugot
Monique Waendendries
Professeurs-formateurs à l'Alliance Française de Paris-Île-de-France

hachette
FRANÇAIS LANGUE ÉTRANGÈRE
www.hachettefle.fr

D1361255

Couverture : Nicolas Piroux
Adaptation graphique et mise en page : Médiamax
Illustrations : Marie-Anne Bonneterre
Correction : Lucie Martinet
Coordination éditoriale : Claire Dupuis

ISBN : 978-2-01-155813-8
© Hachette Livre 2012, 43, quai de Grenelle, F 75 905 Paris Cedex 15.

Achevé d'imprimer chez Rotolito - Dépôt légal: Janvier 2016 - Collection n°05 - Edition 08 - 15/5813/9

SOMMAIRE

Du côté du **LEXIQUE**

› **Parler des relations amicales**

Complétez avec les mots suivants. Faites les modifications nécessaires.

1. ami – complicité – contact – copain – confident

   Mes .... sur Facebook sont nombreux mais il n'existe pas de ....

   entre nous ; j'ai aussi quelques bons .... de classe mais pas de ....

   véritable, de .... à qui je peux dire des choses très personnelles.

2. confiance – relation – amitié – confidence

   Marie et Jules étaient toujours ensemble ; leur .... était très forte depuis

   leurs années d'université. La .... entre eux était totale et ils se faisaient souvent

   des .... Je ne sais pas pourquoi leur .... a pris fin

   quand Jules s'est marié.

3. se sentir – se confier – s'entendre

   Avant, je .... pas avec mes collègues. Dans mon nouveau travail, c'est différent :

   je .... bien avec tout le monde, et j'ai même un ami à qui je peux

   ....

› **Parler de la personnalité**

Choisissez l'adjectif qualificatif qui convient dans la liste. Puis utilisez à la suite le nom qui correspond.

autoritaire – impatient(e) – curieux/curieuse – égoïste – timide – généreux/généreuse

*Exemple : Rachid accepte des opinions différentes, il est **tolérant** et j'apprécie sa **tolérance**.*

1. Lucie donne beaucoup : elle est .... , c'est un modèle de .... !

2. Romain n'aime pas parler en public, il est .... mais il cache bien

   son/sa ....

3. Armelle pense surtout à elle-même : elle est .... , je n'aime pas du tout

   son/sa ....

4. Florent veut toujours commander. Il est .... , je ne supporte vraiment pas

   son/sa ....

5. Rachida ne sait pas attendre, elle est .... , je n'apprécie pas

   son/sa ....

6. François s'intéresse à beaucoup de choses, il est très .... , j'admire

   son/sa ....

Du côté de la **GRAMMAIRE**

› Les pronoms relatifs *qui, que, à qui*

3

Transformez, comme dans l'exemple.

*Exemple : Je l'aime et il m'aime. → C'est quelqu'un **que** j'aime et **qui** m'aime.*

Mon alter ego

1. Je lui ressemble et il me ressemble.

....

2. Je lui dis tout et il me dit tout.

....

3. Il m'aide et je l'aide aussi en cas de besoin.

....

Mon ennemi

4. Je le déteste et il me déteste aussi.

....

5. Il ne m'adresse plus la parole et je ne lui parle pas non plus.

....

6. Je le trouve méchant et il ne m'apprécie pas non plus !

....

Mon objet fétiche

7. Il n'a aucune valeur mais il représente beaucoup pour moi.

....

8. Je l'ai toujours sur moi et il me porte bonheur.

....

9. Je l'ai depuis longtemps et je ne le donnerai jamais.

....

4

Complétez avec *que*, *qui* ou *à qui*.

1. Amandine est une nouvelle collègue .... on trouve très agréable. Elle a des qualités et une façon

de travailler .... on apprécie beaucoup.

2. Ma meilleure amie est une fille .... je connais depuis l'enfance. La complicité .... existe entre

nous est unique !

3. Je ne connais pas personnellement tous les contacts .... j'ai sur Facebook, et il y en a plusieurs

.... je ne parle jamais.

4. Mélanie est la première personne .... j'appelle quand j'ai un problème. C'est une amie ....

me donne toujours de bons conseils et .... je peux faire des confidences.

› L'accord du participe passé

 5

Accordez le participe passé quand c'est nécessaire.

1. Là, c'est le jour où nous nous sommes rencontré............., Sophie et moi.
   C'était en 2006 et nous avons tout de suite sympathisé............. .

2. C'est le jour de notre départ : nous sommes allé............. au Canada,
   moi je suis resté............. là-bas un an et Sophie s'y est installé............. .

3. Là, c'est Sophie le jour où elle a épousé............. Jérémie Howard.

4. Cette photo, c'est leur fille, qui est né............. en octobre 2010.

5. C'est le jour où j'ai rencontré............. Kevin, dans une soirée avec mes amis.
   Ça a été............. immédiatement le grand amour.

6. Là, c'est Kevin. Nous sommes resté............. ensemble
   pendant six mois et puis nous nous sommes séparé............. . C'est la vie !

7. Et puis là, c'est moi, à l'aéroport, quand je suis reparti............. pour la France.

6

Transformez le texte : mettez les verbes entre parenthèses au passé composé.

Julie et moi, nous .... (*nous rencontrons*) dans un cocktail et

nous .... (*découvrons*) que nous avions de nombreux centres

d'intérêt communs. À partir de ce jour-là, nous .... (*devenons*)

inséparables, et nous .... (*choisissons*) un appartement pour habiter

en colocation. Mais, par hasard, nous .... (*entrons*) dans la même

société, elle comme responsable de la communication et moi comme assistante dans le même service.

Alors nos relations .... (*changent*) et notre amitié

.... (*ne résiste pas*) à la cohabitation dans le travail.

Julie .... (*part*), elle ....

(*quitte*) le travail et l'appartement, et moi .... (*je déménage*).

Du côté de la **COMMUNICATION**

› Donner une définition

 7

Classez les éléments de la page suivante dans le tableau, puis donnez une définition pour chacun.

Personnes	Évènements/Situations	Sentiments/Idées abstraites	Actions/Activités
....	....	....	....

1. une panne : ....

2. pendre la crémaillère : ....

3. la colère : ....

4. un déménagement : ....

5. la liberté : ....

6. un pote : ....

7. un rendez-vous : ....

8. l'intolérance : ....

9. la randonnée : ....

10. un collègue : ....

11. la colocation : ....

12. le ménage : ....

En situation

› La journée de la gentillesse

8 🎧 💿2

Écoutez l'enregistrement et cochez les bonnes réponses.

1. Gilles Beauchamp est :
- ❑ **a.** journaliste.
- ❑ **b.** psychologue.
- ❑ **c.** professeur.

2. Il arrive à Gilles Beauchamp d'être méchant :
- ❑ **a.** quand il est triste.
- ❑ **b.** quand il est stressé.
- ❑ **c.** quand il veut s'affirmer.

3. Dans l'enfance :
- ❑ **a.** il ne supportait pas la souffrance des autres.
- ❑ **b.** il était insensible à la souffrance des autres.
- ❑ **c.** la souffrance des autres l'attirait.

4. Adulte, il comprend :
- ❑ **a.** que la gentillesse est une faiblesse.
- ❑ **b.** qu'il faut choisir entre la gentillesse et l'affirmation de soi.
- ❑ **c.** qu'affirmation de soi et gentillesse peuvent coexister en chacun de nous.

5. La devise de Gilles Beauchamp pourrait être :
- ❑ **a.** plus je suis heureux, plus je suis gentil et plus je suis gentil, plus je suis heureux.
- ❑ **b.** ma gentillesse se nourrit de votre amour inépuisable.
- ❑ **c.** gentillesse joyeuse ou gentillesse triste, mais gentillesse toujours !

› **Champion**

Vrai ou faux ? Lisez le texte et cochez les bonnes réponses.

La voix préférée des Français

Vous pourrez assister ce soir à la première de deux émissions qui ont pour objectif de savoir quel est le chanteur ou la chanteuse préféré(e) des Français. L'animateur José Matthieu vous fera découvrir en direct une présélection de trente chanteurs français de ces dix dernières années, de styles aussi différents que l'opéra, le rock, la variété, etc. Pendant l'émission, un jury composé de personnalités du monde du spectacle et des médias choisira dix chanteurs sur les trente proposés au départ.

Vous, téléspectateurs, pourrez ensuite participer directement à ce choix national : il vous suffira d'envoyer un mail ou d'écrire une lettre à José Matthieu en indiquant votre chanteur ou chanteuse préféré(e).

Le 15 octobre, ce sera la finale et vous découvrirez qui est le favori dans le cœur des Français !

M6 — 2 OCTOBRE

☐ **1.** On annonce une nouvelle émission hebdomadaire de divertissement.

☐ **2.** Le but est de choisir le chanteur ou la chanteuse que les Français préfèrent.

☐ **3.** Le choix porte uniquement sur des chanteurs de variété de l'année.

☐ **4.** Au final, c'est le public lui-même qui va choisir le chanteur n° 1.

Votre école/université organise le concours de l'étudiant le plus populaire.
Sur une feuille séparée, complétez le formulaire suivant, à envoyer à la direction de l'école.

CONCOURS DE L'ÉTUDIANT LE PLUS POPULAIRE

• **Identité de la personne choisie :** ....

   Classe fréquentée : ....

• **Les raisons de votre choix :** *J'ai choisi cet(te) étudiant(e) parce que c'est quelqu'un* (particularités, qualités, parcours de vie de cette personne...) ....

   ....

   ....

   ....

   ....

• **Votre nom :** ....

   Vos coordonnées e-mail : ....

Du côté du LEXIQUE

› Les actions d'un gardien d'immeuble

Associez les éléments. (Plusieurs réponses sont parfois possibles.)

Un gardien

1. rend
2. arrose
3. fait briller
4. surveille
5. nourrit
6. répare
7. s'occupe
8. réceptionne

a. (d')une fuite d'eau.
b. des/les chats.
c. des/les plantes.
d. service.
e. les colis.
f. le parquet.
g. les allées et venues.
h. (de) l'immeuble.

› Entre voisins

Complétez les quatre messages avec les mots suivants.

voisinage – rencontre – voisins – prendre un verre – solidarité – isolement – organiser – se rencontrer – invitation – convivialité – réunion – fêter

1.

> BONJOUR,
> NOUS VOULONS .... UNE PETITE
> .... ENTRE VOISINS POUR
> .... NOTRE ARRIVÉE DANS L'IMMEUBLE.
> CE SERA L'OCCASION DE .... AUTOUR D'UN APÉRITIF.
> ÊTES-VOUS LIBRES SAMEDI SOIR À 20 HEURES ?
> NICOLAS ET BÉATRICE NORMAND

2.

> Madame, monsieur,
> Merci de votre gentille
> .... mais
> je ne pourrai pas assister
> à votre ....
> ce jour-là. J'espère qu'on
> pourra ....
> à une autre occasion.
> Marc Ferry

3.

> Nous voulons renforcer les liens de ....
> dans tout le .... : n'hésitez pas à nous
> signaler tous les cas d'..........................., de personne
> âgée ou malade.
> Le comité d'entraide du quartier

4.

> Pourquoi ne pas multiplier les moments de .... entre
> .... et se réunir tous les trimestres, par exemple pour prendre un
> verre ou partager un repas ?
> Hélène Gouby

Du côté de la **GRAMMAIRE**

› Rapporter les paroles de quelqu'un

Rapportez les paroles des personnes.

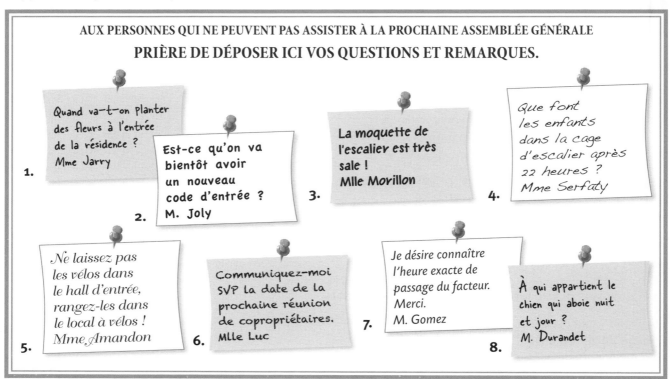

AUX PERSONNES QUI NE PEUVENT PAS ASSISTER À LA PROCHAINE ASSEMBLÉE GÉNÉRALE
PRIÈRE DE DÉPOSER ICI VOS QUESTIONS ET REMARQUES.

1. Quand va-t-on planter des fleurs à l'entrée de la résidence ? Mme Jarry

2. Est-ce qu'on va bientôt avoir un nouveau code d'entrée ? M. Joly

3. La moquette de l'escalier est très sale ! Mlle Morillon

4. Que font les enfants dans la cage d'escalier après 22 heures ? Mme Serfaty

5. Ne laissez pas les vélos dans le hall d'entrée, rangez-les dans le local à vélos ! Mme Amandon

6. Communiquez-moi SVP la date de la prochaine réunion de copropriétaires. Mlle Luc

7. Je désire connaître l'heure exacte de passage du facteur. Merci. M. Gomez

8. À qui appartient le chien qui aboie nuit et jour ? M. Durandet

Exemple : **1.** *Mme Jarry demande quand on va planter des fleurs à l'entrée de la résidence.*

2. M. Joly veut savoir ....

3. Mlle Morillon ....

4. Mme Serfaty ....

5. Mme Amandon ....

6. Mlle Luc ....

7. M. Gomez ....

8. M. Durandet ....

› Faire une comparaison

Complétez avec la forme qui convient : *aussi* **ou** *autant (de)***.**

La fête s'est .... bien passée que l'année dernière : il y avait ....

monde, ... convivialité, le repas était .... bon et

on a .... dansé. Et la soirée a duré .... longtemps et

on a fait .... bruit !

5

Complétez en utilisant *mieux* ou *meilleur(e)(s)*.

Ici, l'ambiance est .... que dans l'immeuble où je travaillais avant : les gens s'entendent

.... , leurs enfants sont .... éduqués et, globalement, la qualité

de vie est ....

6

**Sur une feuille séparée, comparez les deux immeubles en utilisant un comparatif de supériorité
ou d'infériorité : *plus (de), moins (de), meilleur* ou *mieux*.**

Vous comparez :
– le standing ;
– la taille de l'immeuble, des appartements ;
– la localisation ;

– le nombre d'étages ;
– le prix ;
– les commodités/le confort.

À VENDRE

RÉSIDENCE LES MYOSOTIS (Sarcelles 93)

Dans immeuble en 3 blocs A, B, C de 12 étages
– 3 appartements de 2 pièces (35 m²)
– 2 appartements de 5 pièces (85 m²)

👍 à 10 min à pied du centre-ville
et 15 min de la gare

2 210 € le m²

1.

À VENDRE

RÉSIDENCE Neuville (Neuilly 92)

Dans petit immeuble grand standing de 3 étages
avec terrasses :
– 1 appartement de 2 pièces (48 m²)
– 3 appartements de 5 pièces (140 m²)

👍 Jardin privatif, calme absolu,
2 min du centre-ville

9 200 € le m²

2.

Exemple : *La résidence Neuville est **plus luxueuse/d'un meilleur standing que** la résidence des Myosotis.*
*La résidence des Myosotis est **moins luxueuse/d'un moins bon standing que** la résidence Neuville.*

> Comparer avant et maintenant

7

Mettez les verbes entre parenthèses à l'imparfait ou au présent.

CONCIERGE : UN MÉTIER DU PASSÉ ?
1. En 1980, il y .... *(avoir)* 75 000 gardiens mais, maintenant,
on en .... *(compter)* moins de 50 000.
2. Depuis quelques années, on .... *(devoir)* suivre une formation pour devenir gardien.
Avant, tout le monde .... *(pouvoir)* être gardien, il .... *(suffire)*
d'être candidat.
3. Autrefois, le gardien, qu'on .... *(appeler)* plus souvent le concierge,
.... *(surveiller)* les allées et venues dans l'immeuble. Maintenant,
ce .... *(être)* des digicodes qui .... *(assurer)* la sécurité des occupants.
4. Maintenant, des sociétés privées de gardiennage .... *(remplacer)* peu à peu
les concierges d'autrefois qui .... *(habiter)* au rez-de-chaussée de chaque immeuble.

Du côté de la **COMMUNICATION**

› Rapporter des paroles

 8

a) Observez les dessins. Sur une feuille séparée, rapportez les paroles exprimées dans les dessins 1 et 2.

b) Imaginez les bulles des dessins 3 et 4. Puis rapportez ces paroles et pensées sur une feuille séparée.

1.

2.

3.

4.

En situation

› Dans le quartier

9 3

Écoutez la conversation et cochez les bonnes réponses.

1. La cliente parle avec :
- ☐ **a.** un boucher.
- ☐ **b.** un boulanger.
- ☐ **c.** un épicier.

2. Le commerçant travaille :
- ☐ **a.** dans une grande surface.
- ☐ **b.** dans un petit commerce de proximité.
- ☐ **c.** sur un marché.

3. Le logo affiché est :
- ☐ **a.** « Commerçant solidaire ».
- ☐ **b.** « Commerces en fête ».
- ☐ **c.** « Commerçant voisin ».

4. Le logo signifie que le commerçant :
- ☐ **a.** donne des produits gratuitement à ses clients.
- ☐ **b.** rend des petits services à ses clients.
- ☐ **c.** ouvre son magasin toute l'année.

5. Dans le quartier :
- ☐ **a.** Le commerçant est le seul à afficher le logo.
- ☐ **b.** Plusieurs commerçants affichent le même logo.
- ☐ **c.** Tous les commerçants affichent le même logo.

6. La cliente :
- ☐ **a.** passe une commande pour un produit.
- ☐ **b.** repart avec un produit dans son panier.
- ☐ **c.** n'a rien trouvé à acheter.

›Voisins solidaires

10

Lisez l'article et cochez les bonnes réponses.

LAVOMATIC À DOMICILE

Tout le monde n'a pas l'argent pour se payer une machine à laver et pas le temps non plus d'attendre dans un Lavomatic.

Si c'est le cas pour vous, vous trouverez sur Laverfacile.fr une liste de propriétaires de machines à laver chez qui vous pourrez aller laver votre linge ; le système fonctionne déjà dans plusieurs villes en France.

Ce sont les propriétaires qui décident librement ce qu'ils veulent avoir en échange : un repas, une discussion, un cours d'anglais ou de l'argent. Il faut savoir qu'avec une machine standard, un lavage ne coûte pas plus d'1,50 euro contre presque 4 euros dans un Lavomatic en région parisienne.

Réjouissons-nous de cette nouvelle initiative qui, comme pour le covoiturage, permet de tisser du lien social !

❏ **1.** Laverfacile.fr est un site qui vend des machines à laver le linge.
❏ **2.** Grâce à Laverfacile.fr, on peut laver son linge chez un particulier.
❏ **3.** Le service est gratuit.
❏ **4.** Laver son linge dans un Lavomatic coûte moins cher que chez un particulier.

11

Sur une feuille séparée, rédigez le corps de l'article de presse suivant.

24 HEURES DANS LA VIE D'UN GARDIEN

Maurice, 49 ans, est gardien d'immeuble à Paris dans le 18e arrondissement.

◎ **Paragraphe 1 :** informations sur ses principales activités de la journée.

◎ **Paragraphe 2 :** témoignages de deux ou trois habitants qui parlent de lui.

◎ **Paragraphe 3 :** évocation de sa participation active à la fête des voisins qui vient d'avoir lieu.

❯ *Chaque matin …*

❯ *Mme Martin, locataire dans l'immeuble depuis quinze ans, dit de lui que…*

❯ *Hier, Maurice a eu une journée particulièrement chargée : …*

Du côté du **LEXIQUE**

› **Raconter une rencontre**

❶

Complétez les explications de ce metteur en scène, qui s'adresse à un acteur. Utilisez les verbes suivants. Faites les modifications nécessaires.

croiser – crier – se rencontrer – se frôler – se retrouver – s'éloigner – se précipiter – se retourner

Alors, pour cette scène, vous allez .... dans la rue. Elle marche devant toi et elle laisse

tomber un carnet sur le trottoir, alors tu vas .... dans sa direction et

.... « Mademoiselle ! ». Elle va ...., vos mains

vont .... quand tu lui donneras son carnet. Puis tu vas ....

son regard quand elle te dira merci. Ensuite tu la regardes .... sans rien dire.

Mais quelques minutes plus tard, vous allez .... dans une librairie.

❷

Cochez les phrases qui expriment un coup de foudre.

Quand je l'ai vu(e)...
- ☐ **1.** Mon cœur s'est mis à battre très fort.
- ☐ **2.** J'ai senti un souffle sur mon visage.
- ☐ **3.** J'ai eu un flash.
- ☐ **4.** J'ai eu mal au cœur.
- ☐ **5.** J'ai eu le souffle coupé.
- ☐ **6.** Je suis devenu(e) rouge d'émotion.
- ☐ **7.** Je suis resté(e) sans voix.

Du côté de la **GRAMMAIRE**

› **Le passé composé et l'imparfait**

❸

Transformez le texte au passé. Utilisez les temps qui conviennent.

Thomas et les surprises du hasard

.... *(Je suis)* à la gare pour prendre mon train. Devant les guichets,

il y .... *(a)* beaucoup de monde, alors .... *(je fais)* la queue et

.... *(je me place)* juste derrière un homme qui .... *(doit)* avoir

une cinquantaine d'années et qui .... *(a l'air)* très sérieux. De temps en temps,

il .... *(regarde)* sa montre et .... *(semble)* s'impatienter.

Quand son tour .... (arrive), il .... (prend) son billet mais

il lui .... (manque) 15 euros pour payer. Alors je lui .... (propose)

les 15 euros, il .... (accepte) un peu gêné ; nous ....

(échangeons) nos coordonnées. Il .... (habite) Paris comme moi, et

il .... (me promet) de me contacter très vite pour me rendre l'argent.

Effectivement, il .... (m'appelle) le soir même et nous nous ....

(retrouvons) dans un café près de chez moi. Le lendemain, ... (j'ai) mon premier cours

d'économie à l'université et, à ma grande surprise, ... (je découvre) que l'homme

de la gare .... (est) aussi mon professeur d'économie !

❹

Mettez le verbe au temps qui convient. Faites les modifications nécessaires.

Je .... (se promener) seule sur un petit chemin qui ....

(longer) la mer. À un moment, je .... (voir) au loin la silhouette d'un homme qui

.... (faire) son jogging. Quand nous .... (être) à trois mètres

l'un de l'autre, nous .... (se reconnaître) : nous ....

(être) dans la même classe à l'école primaire et ce .... (être) un de mes meilleurs

copains. Nous .... (finir) la promenade ensemble et le soir nous ....

(aller) dîner au restaurant parce que nous .... (avoir) encore beaucoup de choses

à nous dire ! Finalement, on .... (se voir) tous les jours le reste des vacances

et je .... (rentrer) à Lyon avec lui en voiture.

› Quelques participes passés irréguliers

❺

Complétez avec les participes passés des verbes entre parenthèses. Faites les accords nécessaires.

Elle est .... (apparaître) au bout de la rue et il s'est .... (produire) en moi

quelque chose d'étrange : j'ai .... (recevoir) comme une décharge électrique. Je suis de nature

timide mais je n'ai pas .... (craindre) de l'aborder. On a échangé quelques mots, et je lui ai

.... (dire) que je voulais la connaître. Elle s'est .... (taire) mais m'a

.... (sourire), a .... (écrire) son numéro de téléphone sur un bout de papier

qu'elle m'a .... (tendre). Nous nous sommes .... (revoir) le jour suivant.

On a .... (découvrir) qu'on avait de nombreux points communs. Très vite, je lui ai

.... (ouvrir) mon cœur. Pour la Saint-Valentin, j'ai .... (peindre) son portrait

et je le lui ai .... (offrir). J'étais fou d'elle !

Quelques mois plus tard elle m'a .... (apprendre) qu'elle ne voulait pas s'engager avec

moi. Je me suis .... (sentir) trahi et je n'ai plus .... (croire)

en elle. En fin de compte, je me suis .... (apercevoir) qu'elle ne m'aimait pas.

J'en ai .... (souffrir) d'abord, puis le temps de l'indifférence est ....

(venir) et la passion s'est .... (éteindre).

> ## Les marqueurs temporels *il y a, pendant, dans*

Complétez avec *il y a, pendant* ou *dans*.

1. – Véronique, quand avez-vous ouvert l'École de la séduction ?

   – J'ai ouvert cette école .... une dizaine d'années pour aider les hommes
   et les femmes à faire la rencontre qu'ils souhaitent.

   – Et .... huit mois, vous alternez cours théoriques de psychologie et exercices pratiques
   sur le terrain avec un coach, n'est-ce pas ?

   – Oui, c'est exact. Et pour les personnes intéressées : la prochaine session commence ....
   quinze jours.

2. – Regarde, j'ai pris cette photo .... quinze ans, le jour du mariage de mon amie
   Barbara. Tu te souviens d'elle ?

   – Oui, bien sûr, mais tu la vois toujours ?

   – Oh ! On ne s'est plus vues .... plusieurs années et puis on s'est retrouvées par hasard
   .... six mois. Elle est restée mariée .... cinq ans avec Éric
   et puis, un jour, elle l'a quitté ; elle va se remarier .... six mois.

Du côté de la **COMMUNICATION**

> ## Raconter une rencontre

Remettez le dialogue dans l'ordre.

.... **a.** LA JOURNALISTE : Et vous avez eu un véritable coup de foudre cinématographique ?

.... **b.** LE RÉALISATEUR : Non, pas du tout, elle travaillait dans ce magasin. Moi, j'attendais à la caisse pour régler
mes achats et, quand ça a été mon tour, je me suis trouvé en face d'elle.

.... **c.** LA JOURNALISTE : Comment avez-vous trouvé la jeune inconnue qui joue le rôle principal dans votre film ?

.... **d.** LE RÉALISATEUR : Oui, tout à fait, elle correspondait exactement à l'actrice que je cherchais.

.... **e.** LA JOURNALISTE : Elle faisait ses courses ?

.... **f.** LE RÉALISATEUR : C'est plus compliqué que ça : j'ai dû retourner la voir pour la convaincre parce qu'elle
croyait que c'était une plaisanterie !

.... **g.** LA JOURNALISTE : J'imagine qu'elle a répondu très vite !

.... **h.** LE RÉALISATEUR : C'était l'année dernière dans un grand magasin.

.... **i.** LA JOURNALISTE : Vous lui avez dit : « Je suis réalisateur, je cherche quelqu'un pour mon film, voilà
ma carte, etc. »

.... **j.** LE RÉALISATEUR : Non, je n'ai rien dit, je n'ai pas voulu la perturber dans son travail mais je lui ai fait
remettre un message avec mes coordonnées.

En situation

› Rencontres insolites

a) Écoutez le témoignage de Paul qui participe à une émission de radio sur les rencontres amoureuses. Il raconte sa rencontre avec Ève.

b) Ève raconte à son tour sa rencontre avec Paul. Dites quel témoignage écrit résume la rencontre entre Paul et Ève.

❏ Témoignage 1   ❏ Témoignage 2

témoignage 1

« Un jour, j'ai prévenu le service des réclamations parce que mon téléphone ne marchait pas et c'est Paul qui m'a répondu. Il s'est déplacé chez moi pour régler le problème. Immédiatement, nous avons sympathisé et nous nous sommes revus plusieurs fois. Je peux dire que Paul est entré dans ma vie grâce au téléphone ! »

témoignage 2

« En janvier dernier, j'ai voulu laisser un message sur le répondeur de mon frère mais je me suis trompée de numéro et c'est Paul qui l'a reçu Alors il a rappelé parce qu'il ne comprenait pas le message. Tout de suite, nous avons eu envie de connaître plus que le son de nos voix et nous avons eu raison parce que nous vivons à présent une belle histoire d'amour ! »

Vous participez au concours Rencontres insolites organisé par le magazine _Rencontres_.

a) Choisissez un personnage et un lieu.

Qui rencontrez-vous ?

❏ **a.** l'acteur Brad Pitt
❏ **b.** un extraterrestre
❏ **c.** le tennisman Rafael Nadal
❏ **d.** un(e) pygmée
❏ **e.** la chanteuse Lady Gaga
❏ **f.** le couturier J.-P. Gaultier

Où êtes-vous ?

❏ **a.** dans un désert
❏ **b.** dans les couloirs du métro
❏ **c.** dans un ascenseur
❏ **d.** au sommet du mont Blanc
❏ **e.** en pleine mer
❏ **f.** sur la Lune

b) Sur une feuille séparée, écrivez votre témoignage.

Précisez :
– le contexte (où, quand ?) ;
– les situations/actions en cours au moment de la rencontre.
Expliquez la rencontre elle-même (ce qui s'est passé).
Donnez vos impressions.

Du côté du LEXIQUE

›Parler d'une expérience universitaire

Associez le mot et sa définition.

1. bourse	**a.** aide financière aux études
2. compétence	**b.** fait de pouvoir agir seul
3. perfectionner	**c.** améliorer
4. CV	**d.** ce qu'on sait faire
5. plurilinguisme	**e.** fait de travailler ensemble
6. favoriser	**f.** capacité à se déplacer
7. collaboration	**g.** présentation écrite du parcours professionnel
8. maîtriser	**h.** savoir utiliser sans problème
9. autonomie	**i.** encourager
10. mobilité	**j.** fait de pouvoir communiquer dans plusieurs langues

›Parler d'une expérience professionnelle

Reformulez les mots ou expressions entre parenthèses avec des mots ou expressions de sens équivalents.

« Je suis enfin entré dans le monde .... *(de l'entreprise)* : je viens ....

(d'obtenir) un stage dans une société de marketing. J'avais envoyé mon CV et on m'a répondu très rapidement,

on m'a proposé .... *(de suivre)* un stage de six mois. À présent, je suis vraiment satisfait

.... *(d'acquérir mes compétences directement en milieu professionnel).*

J'espère surtout que je pourrai .... *(travailler dans cette boîte)*

après mon stage. »

Associez les éléments. (Plusieurs réponses sont possibles.)

1. travailler	**a.** négativement
2. réussir	**b.** immédiatement
3. juger un travail	**c.** brillamment
4. obtenir un stage	**d.** différemment
5. trouver un emploi	**e.** difficilement
6. effectuer un stage	**f.** positivement

Du côté de la GRAMMAIRE

› Le plus-que-parfait

Transformez comme dans l'exemple. Faites les modifications nécessaires.

Exemple : Ils ont pris le même avion : ils sont arrivés tous les deux jeudi à Madrid.
  *→ Ils sont arrivés tous les deux jeudi à Madrid **parce qu'ils avaient pris** le même avion.*

1. On a fait toutes nos études ensemble : on s'est revus avec plaisir.

....

2. Tu as suivi régulièrement tes cours : tu as réussi ton examen.

....

3. Vous lui avez recommandé le programme Erasmus : elle a suivi vos conseils.

....

4. Je n'ai pas vu mon petit frère depuis un an : j'ai été contente de l'embrasser.

....

› Passé composé et plus-que-parfait

Complétez avec le passé composé ou le plus-que-parfait.

Nouveau	Répondre	Répondre à tous	Transférer	Supprimer	Indésirable	Tâche	Catégories	My Day	Envoyer/Recevoir

Salut Sylvain

J'avais un peu peur le premier jour à l'université de Stockholm. Mais tout ....
(se passer) beaucoup mieux que je .... *(imaginer)* !

L'université .... *(organiser)* parfaitement les choses : le responsable

.... *(me recevoir)* personnellement, il .... *(me faire)*

visiter la section Commerce international, puis il .... *(me présenter)*

à mes futurs professeurs suédois qui .... *(m'accueillir)* gentiment :

chacun .... *(s'adresser)* à moi en français !

Et à la fin de la journée, je .... *(avoir)* une très agréable surprise :

le responsable .... *(préparer)* un pot de bienvenue avec les étudiants

suédois pour fêter mon arrivée. J'étais ravi !

À bientôt !

Hugo

› Imparfait, plus-que-parfait et passé composé

 6

Mettez les verbes entre parenthèses aux temps qui conviennent.

Exemple : Ils ... (s'entendre assez bien) parce qu'ils ... (ne jamais habiter) ensemble mais quand ils (devoir)
partager le même appartement, leur relation (beaucoup changer).
*→ Ils **s'entendaient** assez bien parce qu'ils **n'avaient jamais habité** ensemble mais quand*
*ils **ont dû** partager le même appartement, leur relation **a beaucoup changé** !*

1. Elles .... *(être)* très amies mais l'une des deux .... *(partir)* en Suède

dans le cadre d'un séjour Erasmus. Elles .... *(devoir)* se quitter,

elles qui ne .... *(ne jamais se séparer)* !

2. Ils .... *(fréquenter)* la même université mais ils ....

.... *(ne jamais se rencontrer)* et le mois dernier ils .... *(faire)*

connaissance à la fête de fin d'année.

3. Je .... *(ne jamais parler)* à cet étudiant et

je .... *(ignorer)* tout de lui et puis un jour on ....

(se rencontrer) chez des amis communs, on .... *(discuter)* et

je .... *(le trouver)* vraiment intéressant.

4. Au début de l'année, un des professeurs de Thomas lui .... *(conseiller)* de suivre

un stage de formation professionnelle en Finlande dans le cadre du programme Erasmus : Thomas,

lui, ... *(penser)* simplement faire ses études supérieures en France parce que personne

ne lui .... *(parler)* de ce programme !

5. Il .... *(ne pas parler)* bien anglais et il ....

(encore ne jamais aller) dans un pays anglophone mais, cette année, il .... *(décider)*

d'aller aux États-Unis et il .... *(choisir)* une des meilleures universités.

› Les adverbes

7

Reformulez avec l'adverbe correspondant, comme dans l'exemple.

Exemple : M. Martin se comporte <u>de manière positive</u>.
*→ M. Martin se comporte **positivement**.*

Rapport de stage

1. Mlle Oriol s'exprime <u>de manière claire</u>.

....

2. M. Marquès nous surprend toujours <u>de façon agréable</u>.

....

3. M. Ming : c'est le meilleur, <u>de manière évidente</u>.

....

4. M. Mercier s'est opposé <u>avec méchanceté</u> à ses collègues.

....

5. Mlle Mango effectue <u>de manière brillante</u> les tâches demandées.

....

6. M. Lantier exécute <u>de manière immédiate</u> les ordres.

....

Du côté de la **COMMUNICATION**

› **Faire le bilan d'un stage**

Lisez les propos de stagiaires, extraits de leur rapport de stage. Associez-les aux rubriques ci-dessous.

1. On m'a confié la création du blog de l'entreprise.

2. J'avais déjà suivi des stages dans différentes entreprises.

3. J'ai gagné juste de quoi me payer le déjeuner.

4. Je n'ai pas beaucoup appris pendant ce stage.

5. Je n'ai jamais eu l'impression de faire partie de l'équipe.

6. Ce stage a été mon premier contact avec le monde du travail.

7. En plus de mon salaire, j'ai reçu une prime à la fin du stage.

8. Tout le monde m'a bien accueilli.

9. Cette expérience de stage m'a beaucoup apporté.

10. Mon travail a consisté uniquement à distribuer le courrier à tous les étages !

Rémunération :	Intérêt pour les tâches : ....
Contact avec le personnel :	Bilan global du stage : ....
Expériences professionnelles antérieures :	

En situation

› Travail en entreprise

Écoutez l'enregistrement et cochez les bonnes réponses.

1. Choisissez un titre pour ce reportage. Justifiez votre réponse.
   - ❑ **a.** Stagiaire : la sécurité de l'emploi.
   - ❑ **b.** Stagiaire à vie ?
   - ❑ **c.** Le stage : un passage obligé vers l'emploi.

2. Émilie a :
   - ❑ **a.** un diplôme d'une école de publicité.
   - ❑ **b.** un diplôme en multimédia.
   - ❑ **c.** un diplôme de dessinatrice industrielle.

3. Émilie :
   - ❑ **a.** suit son premier stage.
   - ❑ **b.** a une expérience de plusieurs stages dans la même agence.
   - ❑ **c.** a déjà effectué plusieurs stages dans différentes agences.

4. Son travail dans l'agence consiste à :
   - ❑ **a.** créer le site web de l'agence.
   - ❑ **b.** faire des dessins humoristiques.
   - ❑ **c.** s'occuper du blog de l'agence.

5. Chaque mois, elle touche :
   - ❑ **a.** un salaire et une prime de 417 euros.
   - ❑ **b.** 417 euros pour un travail à mi-temps.
   - ❑ **c.** 417 euros pour un travail à plein temps.

6. À la fin de son stage, elle :
   - ❑ **a.** est sûre qu'elle pourra travailler dans la même agence.
   - ❑ **b.** ne sait pas du tout ce qu'elle va faire.
   - ❑ **c.** va changer d'orientation professionnelle.

❿ 🕐

Lisez le titre et le chapeau de l'article. Puis, sur une feuille séparée, rédigez le corps de l'article.

Le patron, M. Franklin, donne des précisions sur :
– le profil des stagiaires en général (diplômes, expériences antérieures) ;
– le type de tâches qui leur sont demandées ;
– leur rémunération.

Puis il fait le bilan du travail réalisé par les stagiaires en général (positif et/ou négatif).

LES STAGES « CÔTÉ PATRONS »

Georges Franklin, patron d'une entreprise de mobilier design, juge les jeunes qui ont effectué un stage dans sa société…

Du côté du **LEXIQUE**

› Comprendre une offre d'emploi

Complétez les deux annonces avec les mots suivants.

1. horaires – net – CV – exigé(e) – recrute

2. bilingue – lieu – brut – recherche – rémunération

Grand magasin
Les Galeries lyonnaises

....

vendeur/vendeuse rayon jouets.

Expérience ....

Salaire .... : 1 300 €.

.... : 11 heures à 19 heures.

Envoyer .... + photo.

130, rue de la République
69004 LYON

Agence HEXAGONE

....

hôtesses pour salons et congrès.

Vous devez être ....
ou trilingue.

.... variable
selon la mission (13 € ....
de l'heure en moyenne).

.... : région parisienne.

› Postuler pour un emploi

Associez les éléments. (Plusieurs réponses sont parfois possibles.)

1. Je suis titulaire d(e)
2. Je vous adresse
3. Je travaille
4. Je recherche
5. J'occupe
6. Je possède
7. Je maîtrise
8. Je souhaite
9. Suite à

a. un salaire de 2 000 €.
b une expérience dans le domaine de…
c. un diplôme de…
d. ma candidature.
e. un poste d'animateur.
f. l'anglais.
g. des connaissances en informatique.
h. votre annonce.
i. de 8 heures à 17 heures.

> ## Indiquer les qualités pour un emploi

Associez chaque expression à sa définition.

1. J'ai une capacité d'organisation.	**a.** Je regarde toujours les petites choses.
2. J'ai le sens du détail.	**b.** J'adore ce que je fais.
3. Je suis passionné par mon métier.	**c.** Je sais agir en interaction avec mes collègues.
4. Je suis rigoureux.	**d.** J'arrive bien à établir le lien avec les gens, à leur parler.
5. J'ai le sens des responsabilités.	**e.** Je suis très exigeant, j'aime les choses bien faites.
6. J'ai une capacité à travailler en équipe.	**f.** Je sais ce que je dois faire.
7. J'ai le sens du contact.	**g.** Je sais programmer mon travail, j'ai une vision d'ensemble.

Du côté de la GRAMMAIRE

> ## Les marqueurs temporels

a) Complétez avec le marqueur temporel qui convient. Faites les modifications nécessaires.

1.

| Nouveau | Répondre | Répondre à tous | Transférer | Supprimer | Indésirable | Tâche | Catégories | My Day | Envoyer/Recevoir |

À l'ensemble du personnel de l'agence

Les travaux, prévus à l'origine .... six mois, ont pris du retard :

il faudra patienter encore .... quelques jours avant de retourner

dans vos bureaux habituels.

Avec toutes nos excuses,

La direction

2.

RAPPEL

Section sport et jeunesse

La municipalité de Menton (83)

organise comme chaque année

des stages de plongée ....

les vacances de Pâques.

Les inscriptions sont ouvertes

....

le 1er février.

Dépêchez-vous !

3.

Propria : une société qui monte

La société de maintenance Propria

recrute chaque année

80 nouveaux agents d'entretien

.... sa création

.... cinq ans.

b) Choisissez le marqueur qui convient.

> Monsieur,
>
> Je ne travaille plus dans votre société .... (il y a – pour – depuis) un an mais je viens d'apprendre .... (depuis – il y a – pendant) deux jours que vous recherchez de nouveau des intérimaires : je suis candidat pour une autre mission d'intérim .... (depuis – pendant – il y a) deux mois cet été.
>
> Florian Jaitbout

Du côté de la **COMMUNICATION**

› Postuler pour un emploi

Associez questions et réponses.

1. Quelle est votre formation ?

2. Vous maîtrisez des langues étrangères ?

3. Vous avez déjà suivi un stage ?

4. Quels sont vos principaux centres d'intérêt ?

5. Vous avez des connaissances en informatique ?

a. Oui, de mai à août 2011, dans un cabinet d'avocats.

b. Oui, je maîtrise parfaitement Word et Excel.

c. J'ai une licence de droit.

d. Je pratique la boxe et j'adore le cinéma.

e. Oui, l'anglais et l'allemand parfaitement : je suis trilingue.

Retrouvez l'ordre des différents paragraphes du mail suivant.

Nouveau	Répondre	Répondre à tous	Transférer	Supprimer	Indésirable	Tâche	Catégories	My Day	Envoyer/Recevoir

De : Victor Saumet

à : RH ToModa

Objet : candidature au poste de vendeur/conseiller en maroquinerie de luxe

Monsieur,

.... **a.** Je pense donc posséder les qualités pour ce type de poste : langues, excellente présentation, discrétion, sens du contact.

.... **b.** Cette expérience a confirmé ma motivation à travailler dans le domaine de la vente des produits de luxe.

.... **c.** Je suis titulaire d'un brevet de technicien supérieur en action commerciale et j'ai déjà fait un stage de vendeur dans une boutique de haute couture.

.... **d.** Suite à votre annonce parue dans « Le Parisien », je vous adresse ma candidature pour la période du 1er juillet au 30 septembre.

.... **e.** Je me tiens à votre disposition pour vous exposer mes motivations lors d'un entretien.

.... **f.** De plus, je suis bilingue français-anglais (mère anglaise) et j'ai quelques notions de japonais.

Victor Saumet

En situation

› Recrutement

Écoutez l'enregistrement puis, sur une feuille séparée, rédigez l'annonce correspondant au travail évoqué dans le reportage.

Précisez :
– le nom de la société ;
 – le type de personnes recherchées ;
– le type de travail ;
– la nature du contrat ;
– le nombre d'heures et de jours travaillés et la rémunération ;
– les compétences requises ;
– le lieu.

› Un job pour l'été !

Choisissez une petite annonce : vous êtes intéressé(e) par l'emploi proposé.
Sur une feuille séparée, rédigez un bref CV et un mail de motivation.

1.

ROOTS paysages
société de jardinage

recherche personnel de confiance pour s'occuper de l'entretien de jardins.

• Vous êtes étudiant(e).
• Vous désirez travailler pendant les mois d'été.
• Vous aimez la nature.

VOTRE MISSION : vous occuper de jardins privés pendant l'absence des propriétaires (nettoyage et arrosage).

Salaire : 13 € net de l'heure.

n° 08743

2.

LA VILLE DE PARIS
recrute
ÉTUDIANTS pour occuper
postes de gardien de musée.

Période : de juin à septembre inclus.
Bonne présentation.
Maîtrise de l'anglais exigée.

Rémunération au SMIC.

Du côté du **LEXIQUE**

› Travail

Barrez l'intrus.

1. employeur – candidat – chef – recruteur

2. boulot – stage – job – travail – emploi

3. rémunération – prime – allocation – salaire

4. expérience – compétences – annonce – diplômes

Choisissez le mot qui convient.

IMPORTANT ! **www.rapidembauche.com** est un nouveau site Internet destiné aux .... *(recruteurs – demandeurs)* d'emploi. Il propose :

– des .... *(allocations – offres d'emploi)* à consulter ;

– des informations sur le .... *(recrutement – chômage)* dans les principaux secteurs professionnels ;

– des simulations d'entretien d'.................................... *(embauche – évaluation)* en ligne avec une .... *(rémunération/évaluation finale)*.

Vous pourrez bénéficier aussi de .... *(conseils – stages)* donnés par des spécialistes.

Du côté de la **GRAMMAIRE**

› Donner des conseils

Transformez, comme dans l'exemple.

a) *Exemple : Vous êtes en contact avec le public ? Il faut être souriant.*
    → Si vous êtes en contact avec le public, soyez souriant.

1. Vous travaillez dans une boutique de mode ? Il faut vous habiller de manière élégante.

    ....

2. Vous vous exprimez souvent de façon familière ? Il faut contrôler votre langage.

    ....

3. Vous devez écouter les réclamations des personnes ? Il faut avoir une attitude ouverte.

    ....

4. Vous êtes très timide ? Il faut aller voir un psychologue.

    ....

b) *Exemple : Vous voulez être efficace ? Suivez mes conseils !*
   → Si vous suivez mes conseils, vous serez plus efficace.

1. Vous voulez paraître plus sûr de vous ? Tenez-vous bien droit !

....

2. Vous voulez trouver rapidement un emploi ? Entraînez-vous à passer des entretiens.

....

3. Vous voulez progresser en anglais ? Faites plusieurs séjours dans un pays anglo-saxon.

....

4. Vous voulez trouver rapidement un emploi ? Inscrivez-vous à notre atelier !

....

❹

Formulez les conseils. Utilisez *si* + présent, impératif ou *si* + présent, futur.

Exemple : Questions personnelles du recruteur – répondre poliment que cela ne concerne pas l'emploi.
   → Si le recruteur vous pose des questions personnelles, répondez poliment que cela ne concerne pas
   l'emploi.

1. Ne connaître personne dans votre immeuble – aller à la fête des voisins.

....

2. Se tenir droit – le recruteur : avoir une meilleure impression de vous.

....

3. Aimer la nature et vouloir rencontrer des gens – s'inscrire dans un club de randonnée.

....

4. Passer des annonces de rencontre sur Internet – être prudent.

....

5. Se préparer à l'entretien – savoir comment répondre aux questions difficiles.

....

6. Poser des questions sur le poste et la société – le recruteur : voir votre intérêt et votre motivation.

....

❯ Le subjonctif

❺

Complétez avec le subjonctif.

À propos de l'entretien d'embauche

1. Il faut que les demandeurs d'emploi .... *(s'inscrire)* à Pôle emploi.

2. Il faut que tu .... *(suivre)* l'atelier de simulation.

3. Il faut que vous .... *(aller)* régulièrement à l'atelier.

4. Il faut que nous .... *(s'aider)* mutuellement entre stagiaires.

5. Il faut que je .... *(faire)* des efforts pour mieux m'exprimer.

6. Il faut que l'animatrice .... *(savoir)* encourager les stagiaires.

7. Il faut que vous .... *(écouter)* attentivement l'animatrice.

6

Expliquez le programme de Jérôme, comme dans l'exemple. Utilisez le subjonctif.

Exemple : RV à Pôle emploi.
> → *Il faut que je passe /j'aille /je sois à Pôle emploi à 9 heures.*

9 h	RV Pôle emploi.
10 h 30-12 h	Recherche sur Internet.
	Consulter petites annonces journal.
	Lettres de motivation à écrire.
13 h 45	TGV pour Lille.
16 h	Entretien d'embauche chez Madelsom.
18 h 10	Retour Paris en TGV.

....
....
....
....
....
....
....

7

a) Transformez pour indiquer des changements nécessaires, comme dans l'exemple. Variez les formules.

Points positifs

Exemple : Il est souriant.

1. Il a l'air sûr de lui.

2. Il dit clairement ses motivations.

3. Il est attentif à sa tenue vestimentaire.

4. Il choisit ses formules.

5. Il n'est pas négatif.

6. Il se met parfaitement en valeur.

Points à améliorer

→ *Il faut /Il est essentiel /indispensable qu'il soit souriant.*

→ ....

→ ....

→ ....

→ ....

→ Il ne faut pas ....

→ ....

b) Donnez des conseils à la personne.

Exemple : Il faut qu'il soit souriant. → Il faut que vous soyez souriant.

1. ....
2. ....
3. ....
4. ....
5. ....
6. ....

Du côté de la COMMUNICATION

› Donner des conseils

Lisez les propos de cette locataire puis, sur une feuille séparée, imaginez les conseils à donner à ses voisins désagréables pour améliorer la relation. Variez les formulations.

« Mes voisins de dessous sont horribles ! Ils ne sont pas aimables du tout, ils ne respectent pas notre tranquillité, ils font du bruit, ils ne nous rendent jamais de petits services comme arroser les plantes ou nourrir notre chat en notre absence. Bien sûr, ils ne nous invitent jamais à prendre l'apéritif et ils n'assistent jamais à la fête des voisins !

Exemples : Il faut que vous soyez aimables avec vos voisins.
Si vous voulez vivre en harmonie avec vos voisins, soyez aimables avec eux !

› Premiers pas dans la profession

9 🎧 💿7

a) Écoutez l'enregistrement et cochez la bonne réponse.

❏ **1.** La scène se passe dans un cabinet de médecin.

❏ **2.** L'assistante travaille dans le cabinet depuis une semaine.

b) Réécoutez l'enregistrement et remplissez la fiche d'évaluation.

PREMIÈRE ÉVALUATION ASSISTANTE

Nom : Armelle Granguer	Maîtrisé	À améliorer	Commentaires
Capacité de concentration	❏	❏	....
Tenue du carnet de rendez-vous	❏	❏	....
Contact avec la clientèle	❏	❏	....
Hygiène des lieux, propreté	❏	❏	....

> **Conseils pour un recrutement réussi**

10

a) Lisez l'article et répondez aux questions.

Passer un casting

Démarrer une carrière dans la musique, la danse ou le cinéma passe par un apprentissage mais aussi par une étape essentielle : le
5 casting. Toutes les vedettes ont dû un jour passer par cette épreuve.

Un casting ressemble à un entretien d'embauche. Le but est le même : prouver son talent et se vendre.
10 Vous êtes sans doute la femme ou l'homme le plus séduisant, le plus génial de la terre… mais vous devrez convaincre le responsable de casting. Il faut savoir que, dans
15 la même journée, on le mettra en présence d'hommes et de femmes, parfois des centaines, qui se jugent aussi talentueux que vous.

Avant de vous présenter, il est
20 essentiel que vous lisiez attentivement le texte des annonces pour éviter de vous retrouver dans des situations ridicules. Est-ce vraiment utile de se présenter à un casting
25 qui ne réclame que des jeunes filles si vous avez plus de quarante ans ou qui recherche un sportif athlétique si vous êtes du genre petit et maigre ?

30 Si vous ne savez pas exactement de quel emploi il s'agit, l'idéal est de porter une tenue neutre, la plus neutre possible mais qui, bien entendu, vous mettra en valeur :
35 non seulement votre talent et votre personnalité parleront pour vous mais les responsables pourront aussi vous imaginer plus facilement dans plusieurs rôles. Et attention,
40 mesdames : il ne faut pas que vous forciez sur le maquillage !

Après le casting, il faut que vous laissiez à votre interlocuteur une cassette, une photo et un CV. Et
45 n'oubliez pas de remercier les responsables du casting qui vous ont reçu et écouté, même si vous l'avez raté !

Pour conclure, un casting doit être
50 comme un jeu, un exercice qui vous apprendra beaucoup sur le métier que vous voulez exercer et sur vous-même.

1. Relevez une définition du mot *casting* dans le texte.

....

2. Précisez la catégorie de personnes concernées.

....

**b) Choisissez dans la liste suivante sur quoi portent les conseils qui sont donnés.
Justifiez vos réponses avec des extraits du texte.**

1. la manière de parler **2.** le choix des annonces **3.** le maintien, la gestuelle **4.** le respect de la politesse
5. la rédaction du CV **6.** le look **7.** les contacts à avoir dans la profession **8.** le contenu du dossier de candidature

....

....

....

....

....

L'animateur/animatrice de l'atelier de simulation d'entretien d'embauche remplit ses fiches d'évaluation après le passage :

1. d'un candidat timide ;
2. d'une candidate trop sûre d'elle ;
3. d'un candidat bavard et incompétent.

Sur une feuille séparée, rédigez les trois fiches. Évoquez, selon les candidats :

– le comportement ;
– la manière de parler ;
– les choses à dire/ne pas dire.

Fiche d'évaluation

Nom : ....

Points positifs	**Points à améliorer**
....	....
....	....
....	....
....	....
....	....

Du côté du **LEXIQUE**

›**Avantages et attitudes**

Choisissez la formule correcte.

Excellentes vacances !
Tout s'est super bien passé cette semaine !
On a ....
(fait preuve d' – eu droit à – bénéficié d') une météo exceptionnelle.
Le personnel a toujours
....

(fait part d' – fait preuve d' – bénéficié d') une grande gentillesse et on a même
....
(bénéficié d' – eu droit à un – obtenu un) spectacle de grande qualité le dernier soir.

Bravo au club Atlantique !

Complétez le message avec les mots suivants. Faites les modifications nécessaires.

blague – rire – comédien – se moquer – humour – s'amuser

Samedi 15 août – SALLE DES FÊTES

Un spectacle plein de ....

qui vous fera .... aux larmes.

Le .... Mario Marini ....

de nous, les Français, fait des .... sur

nos défauts. Idéal pour .... en famille

ou entre amis !

›**Exprimer un pourcentage**

Reformulez les pourcentages avec les expressions suivantes.

la majorité – (environ) la moitié – un tiers – les trois quarts – une personne sur 2/3/5/9/10

Les vacances des Français

1. D'après un sondage, 45 % des Français déclarent qu'ils ne partiront pas cette année.

....

2. Partir en vacances dépend en grande partie des revenus : 78 % des familles qui disposent de plus de 3 100 euros mensuels partent en vacances contre 35 % pour celles qui ne disposent que de 1 000 euros.

....

3. 90 % des Français qui partent en vacances séjournent en France. Ils sont 35 % à partir à la mer contre 7,5 % à la montagne.

....

Du côté de la GRAMMAIRE

› Les pronoms relatifs *où, que* et *dont*

❹

Où ou *dont* ? Complétez les descriptions avec le pronom relatif qui convient.

Lyon, ... le nom était anciennement *Lugdunum*, est une ville au passé historique prestigieux.

Le centre de Lyon, ... une large partie est classée dans la liste du patrimoine de l'humanité de l'UNESCO, est un espace très visité.

Le théâtre antique, ... la construction date de – 15 avant J.-C., accueillait des spectacles de musique.

Bâti sur la colline de Fourvière .... il occupe presque le sommet, il est devenu à présent le lieu

.... se déroule chaque été le festival de musique des Nuits de Fourvière.

❺

Transformez avec *où* ou *dont*, comme dans l'exemple.

Exemple : Le Canada est un pays (j'aimerais vivre dans ce pays).
→ *Le Canada est un pays **où j'aimerais vivre**.*

Je pense souvent à m'installer à l'étranger et le Canada est un pays *(j'aimerais vivre dans ce pays)*, précisément dans la province du Québec *(on parle français dans cette province)*. C'est vrai que c'est plus facile de partir dans une région *(on comprend la langue de la région)* ; et puis Montréal est une ville *(je me sens bien dans cette ville)* et les Montréalais parlent un français *(j'adore les expressions imagées de leur français)*. Enfin, un fait *(je suis sûr de ce fait)* : là-bas il est plus facile de se loger qu'en France !

....

....

....

....

....

....

❻

Complétez avec *que* ou *dont*.

1. Nous, les Français, avons des défauts

a. .... nous préférons rire.

b. .... nous reconnaissons volontiers.

2. On dit que nous sommes un peuple

a. .... le principal plaisir est de manger et de se divertir.

b. .... les étrangers apprécient pour son art de vivre.

3. Vous avez été sensibles

a. à l'accueil .... nous vous avions réservé.

b. à la façon .... nous vous avions accueillis.

4. Ce pays offre des paysages

a. .... on ne peut pas oublier.

b. .... on se souvient.

5. Nous avons des traditions

a. .... nous sommes fiers.

b. .... nous aimons.

6. Chez nous, il y a des monuments

a. .... vous pourrez admirer.

b. .... la beauté vous fascinera.

›Les pronoms démonstratifs *celui, celle, ceux, celles*

❼

Complétez avec *celui/celle(s)/ceux, celui-ci/celle(s)-ci/ceux-ci* ou *celui-là/celle(s)-là/ceux-là*.

1. – Vous avez des cartes postales anciennes comme .... de la vitrine ?

   – Oui, mais je peux aussi vous montrer ....

2. – Tu as vu la BD ?

   – .... ?

   – Non, ... de Tintin.

3. – Tu connais ces enfants ?

   – Quels enfants ? .... qui sont assis là-bas ? Bien sûr ! Ce sont ....
   qui habitent en face de chez moi

Du côté de la COMMUNICATION

›Parler d'un pays et de ses habitants

Des personnes parlent de différents pays qu'elles viennent de visiter. Elles évoquent :

– **la mentalité des habitants :**
a. l'attitude envers les touristes ;
b. l'attitude envers les animaux ;
c. l'attitude des automobilistes ;
d. l'attitude au travail ;
e. l'attitude envers la politique ;

– **les conditions de vie :**
f. la santé/la protection sociale ;
g. la durée de vie ;
h. le niveau de vie économique ;
i. la tradition/les habitudes culinaires ;
j. l'histoire.

Associez chaque remarque à une des catégories ci-dessus.

.... **1.** Il existe une grande tradition d'hospitalité dans ce pays. L'étranger y est traité avec considération.

.... **2.** Dans ce pays, l'espérance de vie est très élevée, sans doute grâce au régime alimentaire.

.... **3.** La cuisine est très raffinée, c'est l'une des meilleures au monde : un véritable art de vivre !

.... **4.** Les habitants ont la réputation d'être disciplinés et très travailleurs.

.... **5.** Les monuments qu'on visite sur place témoignent de la grandeur des civilisations passées.

.... **6.** On voit beaucoup de chiens et de chats abandonnés dans les rues !

.... **7.** Il y a un grand fossé entre les riches et les pauvres et la classe moyenne est presque inexistante.

.... **8.** Dans ce pays, vous ne bénéficiez pas automatiquement d'une assurance maladie quand vous travaillez.

.... **9.** La circulation, c'est vraiment folklorique là-bas ! Personne ne respecte les feux de signalisation et tout le monde klaxonne !

.... **10.** Une partie de la population est opposée au gouvernement et il y a souvent des manifestations pour protester contre l'action gouvernementale.

En situation

› Regards croisés

Écoutez l'interview et cochez les bonnes réponses.

1. Pat Anderson parle de :
   - ❏ **a.** sa vie d'Américain en France.
   - ❏ **b.** des Américains en France.
   - ❏ **c.** des Français aux États-Unis.

2. Vrai ou faux ? D'après Pat Anderson,
   - ❏ **a.** Les Américains passent plus de temps à travailler que les Français.
   - ❏ **b.** Les Français ont une meilleure qualité de vie que les Américains.
   - ❏ **c.** Les Français ont une productivité inférieure à celle des Américains.
   - ❏ **d.** Les Américains consacrent plus de temps à leurs repas que les Français.
   - ❏ **e.** Les Américains accordent plus d'importance à l'argent que les Français.

› Tour du monde des pays

Nous sommes en 2150. Le magazine *Notre Planète* publie un article à propos d'un pays. Sur une feuille séparée, rédigez cet article. Donnez des précisions sur les conditions de vie et les habitants.

Choisissez un pays voisin de votre propre pays. Sur une feuille séparée, vous répondez à la question posée sur le forum Amitiés sans frontières.

Vous rédigez un texte pour évoquer la manière dont vous vous représentez ce pays voisin et ses habitants (points positifs et négatifs).

 http://www.amities-sans-frontieres.com

Tour du monde des stéréotypes

Comment voyez-vous vos voisins ?

Du côté du **LEXIQUE**

› Exprimer un état d'esprit

Complétez avec les mots suivants. Faites les modifications nécessaires.

se détacher – appréhension – vision – hâte – sentiment – énergie – se sentir – manquer

1. Je pars deux semaines au Pérou. J'ai déjà .... d'y être !

J'ai le .... que cette expérience sera très enrichissante pour moi.

2. Je suis en Indonésie depuis deux mois. J'ai encore du mal à .... de ma vie d'avant

et je .... de motivation pour affronter l'inconnu.

3. Avant de partir, j'avais beaucoup d'................................ mais très vite ma ....

des choses a changé : j'ai trouvé sur place une .... positive.

4. Je .... très isolé et mes proches me .... énormément.

› Savoir vivre en France

Complétez les phrases en choisissant parmi les expressions suivantes. (Plusieurs réponses sont parfois possibles.) Faites les modifications nécessaires.

commettre cet impair – règle de savoir-vivre – il est poli de – il est d'usage de – est considéré comme –
est toléré – est mal considéré – est impoli

Si vous êtes invité à un mariage, il est utile de connaître quelques .... :

1. .... répondre par écrit à l'invitation. Dépasser la date limite pour

cette réponse ....

2. Être habillée en blanc .... impoli : cette couleur est réservée à la mariée.

Alors, évitez de ....

3. Boire de l'alcool .... mais limitez votre consommation : il convient de

conserver un comportement normal !

> Je n'ai pas répondu à votre invitation, mais je suis là : c'est le plus important, non ?

Du côté de la **GRAMMAIRE**

⟩ **La question inversée**

Trouvez la question. Utilisez la forme inversée.

Exemple : – Ici ? Oui bien sûr, il y a un consulat français.
→ – Y a-t-il un consulat français ici ?

1. – ....

– Ma famille ? Oui, elle a l'intention de venir me voir.

2. – ....

– La langue ? Non, elle n'a pas été un obstacle pour communiquer entre collègues.

3. – ....

– Si on a de bons contacts avec la population ? Oui, bien sûr !

4. – ....

– Des sites intéressants à visiter dans la région ? Oui, il y en a beaucoup.

5. – ....

– Oui, ma société a payé le voyage.

6. – ....

– Mon visa ? Oui, il expire bientôt.

4

Posez les questions suivantes en utilisant la forme inversée.

Projets d'expatriation

1. Est-ce que vous vous êtes souvent imaginé en travailleur expatrié ?

....

2. Elle s'endort avec des rêves d'expatriation plein la tête ?

....

3. Est-ce qu'il se demande s'il a vraiment envie de changer de vie ?

....

4. Vous vous êtes représenté les difficultés que vous allez rencontrer ?

....

5. Est-ce que vous vous êtes déjà interrogé sur vos véritables motivations ?

....

6. On se décide facilement à quitter la France ?

....

› Les marqueurs chronologiques

Complétez le texte avec les marqueurs suivants.

à un moment – au bout de – petit à petit – enfin – au début

................................, tout allait bien dans l'entreprise qui m'avait embauché en Russie,

mais .... deux mois, je n'ai plus été d'accord avec la façon de diriger de mon directeur.

................................, nous nous sommes même violemment opposés. ....,

je me suis démotivé et, ..., j'ai préféré partir.

› Pronoms indéfinis et adverbes

6

Complétez avec les mots suivants. (Certains pronoms ou adverbes sont utilisés plusieurs fois.)

nulle part – rien – quelqu'un – personne – tout le monde – quelque chose – partout – tout

1. *L'aventurier.* .... où il va, il s'adapte très vite. .... l'intéresse.

2. *Le solitaire.* Il ne fait .... pour sortir de sa solitude : il ne cherche à voir

................................, alors .... ne pense à l'inviter.

3. *Le dynamique.* C'est .... dont on recherche la compagnie.

.... où il va, il crée l'ambiance et .... l'adore !

4. *Le craintif.* Quand il est face à .... de nouveau, il a peur. Il ne se sent en sécurité

.... et n'a confiance en .... ; il se méfie de ....

Du côté de la COMMUNICATION

› Les manières à table

7

Expliquez les usages français à table en variant les formulations.

1. On ne parle pas la bouche pleine.

....

2. On ferme la bouche quand on mange.

....

3. On ne doit pas écraser les pommes de terre mais les couper en morceaux avec le côté de sa fourchette.

....

4. On pousse la viande et les légumes sur sa fourchette avec un morceau de pain, mais pas avec le couteau.

....

5. Quand on a fini, on pose ses couverts sur son assiette sans les croiser.

....

En situation

› Codes culturels

Écoutez l'enregistrement et cochez les bonnes réponses.

1. Yves Barthès enseigne :
   - ❑ **a.** l'économie.
   - ❑ **b.** l'interculturel.
   - ❑ **c.** le droit international.

2. Il exerce sa profession :
   - ❑ **a.** à l'ambassade d'Indonésie en France.
   - ❑ **b.** à l'ambassade de France en Indonésie.
   - ❑ **c.** dans un établissement supérieur en France.

3. Il y a un an, Yves Barthès a enseigné à :
   - ❑ **a.** des diplomates indonésiens.
   - ❑ **b.** des hommes et femmes d'affaires indonésiens.
   - ❑ **c.** des étudiants indonésiens.

4. Réécoutez l'enregistrement et citez trois pratiques culturelles françaises qui, d'après le témoignage d'Yves Barthès, ne sont pas habituelles pour les Indonésiens.

   ....

   ....

   ....

› *Tu* ou *vous* ?

Lisez le texte et répondez aux questions.

L'usage du **tu** et du **vous**

Un simple pronom et une forme verbale font un monde de différence dans les relations interpersonnelles en 5 France. Le passage du *vous* (formel) au *tu* (informel) est un rituel fréquent, qui marque l'évolution d'une relation. Utiliser le pronom *tu* signifie en effet plus de 10 proximité, plus d'intimité, moins de formalité dans les contacts, la communication et même les sujets de conversation. Ce changement est immédiatement per- 15 ceptible pour chaque individu, une sorte de relâchement mental et physique se produit, qui transforme la façon d'agir et de se comporter. Le passage du *vous* 20 au *tu* se fait plus facilement entre personnes du même sexe que de sexes opposés ; l'âge joue aussi un rôle important.

Il existe un grand nombre 25 de cas de tutoiement spontané : les jeunes enfants, par exemple, s'adressent aux adultes en utilisant le pronom *tu* jusqu'à ce qu'ils apprennent, vers sept ou huit ans, 30 à distinguer les circonstances où

● ● ●

il faut faire un choix. Par ailleurs, les jeunes du même âge, les adolescents, se tutoient de manière spontanée, sans distinction de 35 sexe. Les membres d'une même famille se tutoient : sauf dans des cas aujourd'hui exceptionnels, les enfants ne disent jamais *vous* à leurs parents. Le *tu* spontané 40 est aussi d'usage dans certains cercles, clubs, associations ; cela a pour effet de renforcer le sentiment d'unité et d'appartenance au groupe.

45   En général, on vouvoie les personnes que l'on rencontre pour la première fois, le supérieur hiérarchique, une personne plus 65 âgée que soi. Il existe certains 50 cas où une personne est autorisée à tutoyer, tandis que son interlocuteur emploie le *vous* : un professeur parlant à un jeune élève, 70 un adulte à un jeune enfant, une 55 personne âgée s'adressant à une personne beaucoup plus jeune. Cette situation n'autorise pas la personne qui est tutoyée à tutoyer son interlocuteur à son tour, ce 75 60 qui montre que le vouvoiement n'est pas seulement une marque de formalité, mais aussi un indicateur de hiérarchie sociale qui permet de montrer son respect. 80

Dans une première rencontre, le choix entre le *vous* et le *tu* n'est pas toujours facile, il existe des circonstances où l'on hésite, et où une solution doit être trouvée verbalement. Même si le premier contact est chaleureux, il est plus prudent d'utiliser le *vous* jusqu'au moment où les interlocuteurs trouvent un protocole. En général, c'est la personne la plus âgée, ou celle qui se trouve dans une position hiérarchique supérieure, ou celle qui reçoit, qui va décider : « On pourrait peut-être se dire *tu* ? »

1. Faites correspondre chaque paragraphe à son intitulé.

   a. Qui tutoie qui ? → § . . . .

   b. Valeur symbolique du *tu* et du *vous* → § . . . .

   c. Qui vouvoie qui ? → § . . . .

   d. Comment choisir entre le *tu* et le *vous* ? → § . . . .

2. Citez trois situations de vouvoiement entre personnes.

. . . .

. . . .

. . . .

3. Citez trois situations de tutoiement entre personnes.

. . . .

. . . .

. . . .

4. Citez trois situations où la personne tutoie son interlocuteur qui, en retour, la vouvoie.

. . . .

. . . .

. . . .

À votre tour, sur une feuille séparée, rédigez un article sur le modèle du précédent.
Vous indiquerez les pratiques d'appellation dans votre pays pour les situations d'échanges.

Du côté du LEXIQUE

› La vie dans une grande ville

Classez les caractéristiques suivantes dans le tableau.

des hauts salaires – le bruit – des transports en commun nombreux et variés – une offre de soins de qualité – la pollution – des loyers élevés – de nombreux divertissements – le coût élevé des transports – l'insécurité – un grand nombre et une bonne variété de commerces – un coût de la vie élevé – des temps de transport très longs – un nombre important d'entreprises – une vie culturelle intense

Avantages	Inconvénients
....	....
....	....
....	....
....	....
....	....
....	....
....	....

Associez les éléments des trois colonnes. (De nombreuses combinaisons sont possibles !)

Petit tour d'Europe

		une excellente qualité de vie.
Saint-Pétersbourg		un passé historique prestigieux.
Paris		la circulation fluviale.
Venise		ceux qui n'ont pas de voiture.
Berlin	offre	un climat privilégié.
Amsterdam	bénéficie de	une grande variété de divertissements.
Montréal	possède	un grand nombre d'espaces verts.
Athènes	est adapté(e) à	beaucoup de canaux.
Barcelone		une grande richesse architecturale.
Lisbonne		un accueil légendaire.
		les grands froids.

Du côté de la GRAMMAIRE

› Le superlatif

Complétez les formulations de sens identique, comme dans l'exemple.

Exemple : La ville où il y a le moins de sécurité
= la ville où la sécurité est ... bonne.
*→ la ville où la sécurité est **la moins** bonne.*

1. La ville où il y a le moins de bruit = la ville où c'est .... calme.
2. La ville où on circule le moins facilement = la ville où il y a .... difficultés

   de circulation.
3. La ville où il y a le plus de pollution = la ville où l'environnement est .... pollué.
4. La ville où on gagne le plus = la ville où on a .... salaire.
5. La ville où on reçoit les meilleurs soins = la ville où on est .... soigné.
6. La ville où on s'amuse le mieux = la vile où il y a .... divertissements.

Observez le tableau comparatif de cinq villes françaises.
Indiquez la première et la dernière ville du classement pour chaque critère.
Utilisez différentes formulations, comme dans l'exemple.

Exemple : (Sur ces cinq villes) c'est Paris qui a la plus forte densité de population / a le plus d'habitants au m².

	Nombre d'habitants	Densité de la population	Jours d'ensoleillement dans une année	Pluviométrie * annuelle
Grenoble	157 500	8 756	2 031	979 mm
Lyon	479 000	9 467	1 950	850 mm
Nantes	390 000	4 147	2 100	820 mm
Paris	2 234 000	20 164	1 797	642 mm
Toulouse	440 000	3 756	2 090	586 mm

* La pluviométrie mesure la quantité de pluie tombée.

....
....
....
....
....
....
....
....

> *Ce qui/Ce que... c'est*

a) Complétez avec *ce qui* ou *ce que*.

b) Répondez au questionnaire.

VIVRE EN VILLE

Dans une grande ville,

❶ .... vous appréciez le plus, c'est/ce sont :
- ⭕ le choix des divertissements
- ⭕ la qualité des transports en commun
- ⭕ le dynamisme des habitants
- ⭕ autre

❷ .... vous détestez le plus, c'est/ce sont :
- ⭕ les embouteillages
- ⭕ le coût de la vie
- ⭕ l'insécurité
- ⭕ autre

❸ .... vous manque le plus, c'est/ce sont :
- ⭕ la nature
- ⭕ la solitude
- ⭕ le bon air
- ⭕ autre

Dans la rue,

❹ .... vous amuse le plus, c'est/ce sont :
- ⭕ les touristes
- ⭕ les tenues vestimentaires des passants
- ⭕ les gens pressés
- ⭕ autre

❺ .... vous regardez en priorité, c'est/ce sont :
- ⭕ les magasins
- ⭕ les passant(e)s
- ⭕ les voitures
- ⭕ autre

❻ .... vous choque surtout, c'est/ce sont :
- ⭕ les mendiants[1]
- ⭕ la foule
- ⭕ le bruit
- ⭕ autre

1. **Un mendiant :** une personne qui demande de l'argent aux passants.

❻

Expliquez vos préférences, comme dans l'exemple.

Exemple : chez une femme (attirer)
→ *Ce qui m'attire chez une femme, c'est son élégance/son sourire.*

1. chez un ami *(rechercher)*

....

2. chez un homme/une femme *(déplaire)*

....

3. chez un directeur *(apprécier)*

....

4. chez un(e) collègue *(préférer)*

....

5. chez un(e) voisin(e) *(plaire)*

....

Du côté de la COMMUNICATION

> ## Parler de son lieu de vie

Retrouvez l'ordre de la conversation.

.... **a.** KARIM : Non, en banlieue. Je dois prendre ma voiture pour aller au bureau ; ce qui est insupportable là-bas, c'est la circulation.

.... **b.** VANESSA : C'est super ! Tu dois être bien payé maintenant.

.... **c.** KARIM : Tout simplement parce qu'en train et métro il me faut 1 h 20 et en voiture trois quarts d'heure, même avec les embouteillages !

.... **d.** VANESSA : Alors, finalement, la vie à Paris, c'est bien ou c'est pas bien ?

.... **e.** KARIM : Ben, je suis en région parisienne depuis six mois pour mon travail.

.... **f.** VANESSA : Mais pourquoi tu ne prends pas les transports en commun comme tous les Parisiens ?

.... **g.** KARIM : Oui, c'est vrai, mais c'est à Paris que les loyers sont les plus élevés et, finalement, je dépense le tiers de mon salaire pour un petit appartement en banlieue.

.... **h.** VANESSA : Ça doit te changer de Nice ! Tu t'habitues à la capitale ?

.... **i.** KARIM : Oui et non, c'est certain il y a des avantages, c'est extra pour les sorties, les musées, le ciné mais ce qui me manque le plus, c'est le soleil et la mer !

.... **j.** VANESSA : Ah bon ! Tu n'habites pas dans Paris même ?

.... **k.** KARIM : C'est un peu dur mais ce que j'apprécie surtout c'est mon job. Je suis responsable d'un service d'import-export.

.... **l.** VANESSA : Salut, Karim, alors il y a longtemps que je ne t'ai pas vu !

En situation

> ## Paris/province

Écoutez l'enregistrement puis dites à quel article de la presse écrite correspond le message entendu.

❏ **1.** La fête des régions aura lieu les 14, 15 et 16 octobre dans les principales villes de France, y compris à Paris. Cet évènement convivial a pour but de faire connaître à tous la richesse de notre patrimoine régional (monuments, gastronomie, etc.). La fête est organisée par les bureaux de tourisme des différentes provinces.

❏ **2.** La fête des régions qui aura lieu à Paris les 14, 15 et 16 octobre prochains, va permettre aux Parisiens d'adoption de retrouver l'ambiance de leur région d'origine et aux natifs de Paris de connaître le patrimoine culturel et gastronomique des Normands, des Savoyards, des Lyonnais, des Bretons, des Toulousains et des Alsaciens. Un joli moment convivial à ne pas rater !

❏ **3.** Beaucoup de provinciaux viennent s'installer annuellement à Paris : la fête des provinces, qui aura lieu les 14, 15 et 16 octobre, a pour but de les accueillir cette année. À cette occasion, des manifestations culturelles et gastronomiques sont prévues pour souhaiter la bienvenue aux Normands, aux Savoyards, aux Lyonnais, aux Bretons, aux Toulousains et aux Alsaciens.

› Palmarès

Lisez le texte et répondez aux questions.

OÙ S'INSTALLER DANS LE MONDE ?

L'étude Expat Explorer, réalisée par la société bancaire HSBC sur les conditions de vie des expatriés, se base sur des témoignages de plus de 3 000 expatriés à travers trente-deux pays.

Sans surprise, les pays où on gagne le plus sont les pays du Moyen-Orient (Arabie Saoudite, Qatar, Émirats, Bahreïn) et les pays d'Asie (Hong Kong, Singapour, Vietnam, Thaïlande). L'Égypte, la Russie, la Suisse font également partie du top 10.

En ce qui concerne la qualité de vie globale des expatriés, la surprise de cette année provient de la Thaïlande, qui occupe la première place du palmarès. Cette performance reflète un bon équilibre de vie entre le temps de travail et le temps de loisirs, ainsi qu'une forte envie de rester vivre dans le pays. Parmi les autres destinations où il fait bon vivre, on retrouve également le Canada (2e), l'Afrique du Sud (3e), l'Australie (6e) et l'Espagne (7e).

Selon les expatriés qui vivent en France, c'est l'aspect financier qui pose problème. Si l'on prend en compte le revenu disponible (après taxes), la France se classe 30e sur 32. À titre de comparaison, l'Arabie Saoudite est première, l'Allemagne est au 26e rang, alors que la Chine est à la 14e place.

Mais l'argent fait-il le bonheur ? Pas toujours. Pour les familles, la qualité de vie, la sécurité, l'intégration et l'éducation des enfants sont souvent un critère très important. Et, à ce titre, la France tient ses promesses : le système scolaire français est plébiscité par les personnes interrogées, qui le trouvent moins onéreux et de qualité. L'éducation des enfants coûterait en moyenne deux fois moins cher que dans les autres pays.

Au final, la France arrive au 16e rang du classement général grâce à la qualité de vie globale et à sa culture : la gastronomie française, l'intégration à la communauté, la météo locale, notre système social… et la langue française sont autant d'éléments qui offrent une bonne expérience de vie aux étrangers.

a) Cochez les bonnes réponses.

☐ **1.** On parle de personnes qui choisissent de s'installer à l'étranger.

☐ **2.** La France est dans les dix premiers pays du classement sur les conditions de vie des expatriés.

☐ **3.** C'est au Moyen-Orient que les salaires sont les plus élevés.

☐ **4.** C'est le Canada qui offre la meilleure qualité de vie.

☐ **5.** La France est appréciée pour le faible coût et la bonne qualité de ses écoles.

b) Choisissez le chapeau qui résume l'article. Justifiez votre réponse.

☐ **1.** D'après une étude de la banque HSBC, on vient s'expatrier en France, tout comme en Chine ou en Russie, surtout pour gagner de l'argent. Cette destination est plébiscitée aussi pour son excellente qualité de vie, à égalité avec la Thaïlande.

☐ **2.** Les expatriés en France n'y font pas la meilleure carrière, mais ils sont bien intégrés, apprécient la culture française et bénéficient des meilleures conditions pour bien éduquer leurs enfants. C'est ce que révèle une étude de la banque HSBC sur les conditions de vie à l'expatriation.

....

....

....

› Villes du monde

10

Sur une feuille séparée, rédigez une page de guide touristique sur la ville la plus importante de votre région. Vous parlerez de ses particularités par rapport aux autres villes du pays en évoquant les critères suivants.

• la situation géographique, le climat
• le nombre d'habitants
• le niveau de vie
• le coût des loyers
• les aménagements urbains : transports, espaces verts, commerces, hôtels…
• la vie culturelle (divertissements, festivals…)
• le patrimoine architectural (les monuments)
• les spécialités artisanales et gastronomiques

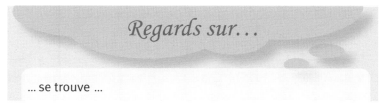

Regards sur…

… se trouve …

› Escapade à…

11

Le magazine de tourisme *Partir* publie chaque semaine le témoignage d'un lecteur qui vient de visiter une ville étrangère.
De retour de voyage, vous rédigez sur une feuille séparée votre témoignage pour l'envoyer au magazine. Précisez ce que vous avez aimé, ce qui vous a surpris ou choqué ou ce que vous avez détesté.

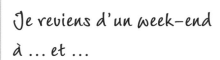

Je reviens d'un week-end à … et …

Du côté du **LEXIQUE**

› Informer sur un évènement

Complétez avec les verbes suivants.
Faites les modifications nécessaires. (Plusieurs réponses sont parfois possibles.)

avoir pour but de – il s'agit de – s'adresser à – se dérouler – avoir lieu

> ### Vous ne connaissez pas *Pariscope* ?
>
> .... un petit magazine qui .... vous aider à choisir
> un spectacle à Paris. En plus des programmes de cinéma et de théâtre, vous y trouverez aussi
> tous les évènements culturels qui .... en ce moment (expositions, festivals).
> Cette publication .... tous ceux qui sont aussi à la recherche d'un bon restaurant.
> *Pariscope* sort le mercredi, car c'est ce jour-là que le changement des programmes
> .... dans tous les cinémas en France.

› Parler des blogs

Trouvez douze mots (noms et verbes) liés aux blogs.

P	H	Z	O	C	I	J	K	X	O	R	T	A
O	G	B	L	O	G	O	S	P	H	E	R	E
S	U	L	O	M	B	I	L	L	E	T	H	O
T	D	O	G	M	I	N	P	Y	B	J	C	A
E	I	G	E	E	F	B	U	R	E	D	K	R
R	P	U	N	N	H	O	B	A	R	U	I	C
L	I	E	N	T	L	Q	L	V	G	E	X	H
F	A	U	T	A	G	K	I	I	E	U	O	I
Y	E	R	V	I	U	B	E	O	R	B	K	V
Q	E	T	C	R	T	V	R	X	O	N	Z	E
P	L	A	T	E	F	O	R	M	E	E	C	S
P	A	G	E	D	A	C	C	U	E	I	L	O

Du côté de la GRAMMAIRE

› Faire une suggestion, inciter à agir

3

Réagissez à chaque réplique en faisant une suggestion.

Exemple : – Mon ordinateur ne marche plus très bien.
→ – Si tu en achetais un nouveau ?

1. – On ne sait pas quoi faire pour le week-end.

– ....

2. – J'ai très envie de dormir.

– ....

3 – Je travaille trop, je suis fatigué !

– ....

4. – Notre appartement est devenu trop petit depuis la naissance de notre fils.

– ....

5. – J'ai vraiment très faim !

– ....

6. – Mon travail ne m'intéresse plus du tout.

– ....

› Les pronoms interrogatifs

Complétez avec *lequel*, *lesquels*, *laquelle* ou *lesquelles*.

QUESTIONS POUR UN CHAMPION

Géographie

1. Parmi les villes suivantes, ... comptent plus de 500 000 habitants ?

2. Parmi les pays suivants, ... n'a pas de frontière commune avec la France ?

Technologie

3. Parmi les innovations technologiques suivantes, ... est la plus récente ?

Médias

4. Parmi les quotidiens suivants, ... est le plus lu ?

5. Parmi les émissions de télé suivantes, ... sont diffusées en soirée ?

Festival de Cannes

6. Parmi les actrices suivantes, ... a reçu le prix d'interprétation féminine ?

7. Parmi les films suivants, ... ont obtenu la Palme d'or ?

8. Parmi les personnalités suivantes, ... ont déjà présidé le jury du Festival ?

> **Les pronoms possessifs**

Complétez avec le pronom possessif qui convient.

1. – Qui n'a pas son blog à présent ? Regarde : mon petit frère, qui a dix ans, a déjà ....

et même mes grands-parents ont ....

– Ah oui ? Ta famille est plus moderne que .... !

2. – J'ai trouvé ces clés dans le couloir, ce sont peut-être .... ?

– Non, ..., je les ai dans ma poche, c'est très gentil de votre part.

3. – Marc et moi, on adore la page d'accueil de votre blog. On la trouve plus sympa que ....

– Mais .... est bien aussi !

4. – Les Martin ont changé de voiture ?

– Non, mais .... est en panne et le garage leur en a prêté une en attendant.

Du côté de la **COMMUNICATION**

> **Rendre compte d'un évènement**

Reconstituez l'interview : placez les répliques dans l'ordre.

Association des deux et plus – ADPP

.... **a.** JULIETTE : Oui, bien sûr, sans problème, ils sont les bienvenus et les amis aussi !

.... **b.** JOURNALISTE : Ces personnes s'inscrivent dans votre association pour échanger, c'est ça ?

.... **c.** JULIETTE : Pas loin d'ici, à Pleucadeuc.

.... **d.** JOURNALISTE : Il faut s'y inscrire à l'avance ?

.... **e.** JULIETTE : Il s'agit d'une association qui regroupe des jumeaux, des triplés et même des quadruplés de l'Europe entière.

.... **f.** JOURNALISTE : Ah ! Les jumeaux peuvent venir accompagnés de leurs parents ?

.... **g.** JULIETTE : Oui, échanger entre personnes qui ont la même expérience, c'est important et surtout pour se retrouver chaque année au 15 août dans le cadre du grand rassemblement qui se déroule dans notre région, en Bretagne.

.... **h.** JOURNALISTE : Juliette, vous êtes membre de l'association des Deux et plus. Pouvez-vous nous expliquer cette appellation ? C'est pour le quotidien *Ouest France*.

.... **i.** JULIETTE : Non, les inscriptions ont lieu exclusivement sur place mais on conseille aux familles de réserver pour le déjeuner du 15 août.

.... **j.** JOURNALISTE : Où exactement ?

En situation

› Blogueuse

7

Écoutez l'enregistrement et cochez les bonnes réponses.

1. Marlène Schiappa s'exprime sur :
☐ **a.** le travail des mères à la maison.
☐ **b.** l'égalité hommes/femmes au travail.
☐ **c.** les blogs au féminin.

2. Elle a ouvert un blog destiné :
☐ **a.** aux mères qui recherchent un emploi.
☐ **b.** aux mères qui travaillent à l'extérieur.
☐ **c.** aux femmes au foyer avec enfants.

3. Elle travaille dans :
☐ **a.** les médias.
☐ **b.** un ministère.
☐ **c.** une crèche.

4. L'objectif de son blog est de :
☐ **a.** trouver des clientes dans le cadre de son travail.
☐ **b.** sensibiliser les entreprises aux problèmes des mères qui travaillent.
☐ **c.** faire évoluer sa carrière politique.

› Évènement éphémère

8

Un artiste a imaginé de placer dans votre ville des comédiens qui prennent la pose de statues.
Sur une feuille séparée, rédigez un article pour informer de l'évènement dans la presse régionale.

Du côté du **LEXIQUE**

› La presse écrite

Trouvez le mot qui correspond à chaque définition.

1. la première page du journal : ....

2. paraît chaque jour : ....

3. photo ou dessin, un visuel qui accompagne un article : ....

4. un extrait d'un journal papier : ....

5. une catégorie d'information : ....

6. ce qui est écrit en grosses lettres dans la presse : ....

7. une catégorie spécifique d'informations à l'intérieur d'une catégorie plus large : ....

2

Dites à quelle rubrique correspond chaque titre.

1. PLUIES ABONDANTES SUR L'ENSEMBLE DU TERRITOIRE POUR LE WEEK-END

   ....

2. PANIQUE À LA BOURSE DE NEW YORK

   ....

3. *Accidents en série sur l'autoroute*

   ....

4. FRANCE-BRÉSIL AU STADE DE FRANCE

   ....

5. *Natalité en hausse : bienvenue aux bébés français !*

   ....

6. **Crise majeure au gouvernement**

   ....

7. **Mise en vente du vaccin contre la grippe**

   ....

8. Tout sur la collection prêt-à-porter automne-hiver

   ....

›Parler de la radio et de la télévision

Classez les termes suivants dans le tableau.

un auditeur – un programme – une chaîne – une émission – un téléspectateur – une station –
une (re)diffusion – un reportage – le journal – un journaliste – une publicité – l'audience – un documentaire –
un animateur – un téléfilm – un débat – la téléréalité – une série – un feuilleton

Télévision	....
Radio	....
Les deux	....

**Complétez avec les mots suivants. (Certains mots sont utilisés plusieurs fois.)
Faites les modifications nécessaires.**

journal – chaîne – documentaire – station – animateur – téléspectateur – audience – poste – reportage – auditeur

D'après une étude récente sur l' .... des .... de télévision

et des .... de radio, les .... choisissent en priorité

les radios musicales et les .... préfèrent la télévision publique. Pour la télévision,

la .... culturelle arrive en première position, pour la qualité de

ses .... et de ses .... Sur les ....

généralistes comme TF1 ou France 2, les .... apprécient particulièrement les débats

et les .... qui les présentent.

Pour s'informer, les choix sont différents selon le moment de la journée : les ....

déclarent qu'ils préfèrent écouter les flashs sur leur poste le matin. Mais le soir, ils regardent

le .... à la télévision pour voir en images les évènements de la journée.

5

**Complétez avec les mots suivants. (Plusieurs réponses sont parfois possibles.)
Faites les modifications nécessaires.**

attiré – suivi – diffusé – regardé – battu – enchaîné

– Tu as .... la télé hier soir ?

– Oui, j'ai .... le match France-Irlande. C'était super. TF1 a ....

le record d'audience !

– Normal, le match était .... en direct.

– Et tu as .... les commentaires après le match ?

– Non, j'ai .... sur une émission de téléréalité sur M6.

– Moi, je ne suis pas .... par ce genre d'émissions.

Du côté de la GRAMMAIRE

❯ La nominalisation

❻

Transformez, comme dans l'exemple.

Exemple : Les étudiants ont manifesté hier.
  → Manifestation des étudiants hier.

1. La France vient d'élire son président de la République. → ....

2. Loana Misrahi et John Accors se séparent ! → ....

3. TV5 diffuse un reportage spécial sur l'Afrique ce soir. → ....

4. L'Espagne a vaincu l'Italie en finale de l'Eurofoot. → ....

5. Les enfants vont apprendre l'anglais à la maternelle. → ....

6. Le gouvernement a réformé le régime des retraites. → ....

7. Les tarifs de la SNCF augmentent de 5 %. → ....

❯ Le genre des noms

❼

a) Choisissez l'article qui convient. Faites les accords si nécessaire.

1. .... *(Le – La)* .... *(premier – première)* atterrissage du nouvel Airbus 380
a eu lieu à 20 h 13.

2. On annonce .... *(un – une)* baisse du prix de l'essence.

3. Le maire annonce .... *(le – la)* destruction de trois immeubles au nord de la ville.

4. On prévoit .... *(un – une)* division par deux des effectifs de police.

5. On nous annonce .... *(le – la)* défaite de l'équipe de France en finale.

6. Les Français font preuve d'............. *(un – une)* .... *(grand – grande)* optimisme
face à l'avenir.

7. On nous annonce .... *(le – la)* départ du Premier ministre.

b) Réécrivez les informations. Annoncez l'évènement opposé, comme dans l'exemple.

*Exemple : **1. Le premier décollage** de l'Airbus 380 a eu lieu à 20 h 13.*

2. ....

3. ....

4. ....

5. ....

6. ....

7. ....

> La mise en relief

Lisez le questionnaire.
Sur une feuille séparée, répondez, comme dans l'exemple.

*Exemple : **1.** Ce sont les émissions sportives qui m'intéressent le plus.*
C'est le journal télévisé qui m'intéresse le plus.

Quel téléspectateur êtes-vous ?

1. Quel programme vous intéresse le plus ?
❏ les émissions de sport ❏ les émissions culturelles
❏ le journal télévisé ❏ autre
❏ les films

2. Qu'évitez-vous de regarder ?
❏ les publicités ❏ la météo
❏ les émissions de téléréalité ❏ autre

3. Quel type de spectacle désirez-vous voir
programmé plus souvent à la télé ?
❏ le cirque ❏ les films récents
❏ le théâtre ❏ autre
❏ les concerts

4. Quel sport préférez-vous regarder à la télé ?
❏ le foot ❏ l'athlétisme
❏ le tennis ❏ autre
❏ la boxe

5. Dans un journal télévisé, le plus important
pour vous, c'est :
❏ la qualité et la variété des images
❏ les commentaires du journaliste
❏ la sélection des sujets
❏ la personnalité du journaliste

Du côté de la COMMUNICATION

> Donner son opinion sur une émission

**Écoutez l'enregistrement : quatre téléspectateurs s'adressent à des amis et donnent leur avis
sur une émission.**

a) Cochez le type d'émission dont chacun parle.

b) Dites si l'appréciation est positive ou négative.

	Culture	Sport	Téléréalité	JT
Personne n° 1	❏	❏	❏	❏
Personne n° 2	❏	❏	❏	❏
Personne n° 3	❏	❏	❏	❏
Personne n° 4	❏	❏	❏	❏

Appréciation positive : ....

Appréciation négative : ....

En situation

> ## Titres à la une

10

Le 1er avril est le jour des blagues. Ce jour-là, les médias s'amusent à glisser de fausses informations dans leurs pages.

Sur une feuille séparée, rédigez plusieurs titres fantaisistes correspondant à différentes rubriques d'un quotidien.

Du côté du LEXIQUE

› Faits divers

❶

Choisissez le nom qui convient et faites les modifications nécessaires pour marquer le genre.

1. .... *(Un – Une)* .... *(catastrophe – sortie)* .... *(aérien – aérienne)*
a été évité(e) de justesse.

2. .... *(Un – Une)* spectaculaire .... *(fuite – cambriolage)* de bijoux a eu lieu au domicile
d'une milliardaire.

3. Un suspect arrêté après .... *(le – la)* .... *(vol – visite)* dans la bijouterie Cartier.

4. Le mystère reste entier après .... *(le – la)* .... *(vérification – disparition)*
d'un tableau de Manet au musée du Louvre.

5. Trois enfants font .... *(un – une)* étrange .... *(découverte – témoignage)*.

6. Une caméra avait filmé l'..................... *(hospitalisation – agression)* de la vieille dame.

7. .... *(Le – L' – La)* .... *(arrestation – manifestation)* du conducteur fou a eu lieu ce matin.

8. .... *(Un – Une)* terrible .... *(perte – accident)* de train s'est
.... *(produit – produite)* en Inde.

❷

Complétez avec les mots suivants. Faites les modifications nécessaires.

1. prendre la fuite – se faire agresser – vol à l'arraché – sauter sur – porter plainte – voler

INSÉCURITÉ GRANDISSANTE

Les .... sont en nette progression depuis six mois. Hier encore, un jeune

homme .... en plein jour : deux malfaiteurs ....

sur lui et lui .... sa carte bancaire et son portable. Les individus

.... La victime .... au commissariat de police.

2. enquête – délit – témoignage – voleur – vol – être arrêté – commettre

VOITURES VOLÉES

À noter, le .... de nombreuses voitures dans la nuit de mardi à mercredi.

Ce n'est pas la première fois qu'on .... ce genre de ....

dans le quartier. La police a ouvert une .... et grâce aux ....

de plusieurs résidents, les .... viennent de ....

Du côté de la GRAMMAIRE

› Les temps du passé pour raconter un fait divers

❸

Complétez avec le temps qui convient.

PAIN FANTAISIE

On .... *(connaître)* la baguette aux céréales, la baguette aux noix, mais pas la baguette aux cailloux ! Une habitante d'Alès dans le Gard .... *(avoir)* la désagréable surprise de trouver deux gros cailloux dans le pain qu'elle .... *(prendre)* samedi matin dans sa boulangerie habituelle. Cette dame .... *(découvrir)* un caillou « gros comme une pièce d'un euro » dans la baguette. Cela ....

(ressembler) à des pierres d'aquarium, ... *(raconter)* cette personne qui .... *(retourner)* immédiatement dans le magasin avec le pain et les cailloux. La vendeuse .... *(ne pas pouvoir)* lui donner d'explication. Le lendemain, le patron .... *(rembourser)* sa cliente, non seulement de la « baguette aux cailloux » mais aussi de tout ce qu'elle..................... *(acheter)* dans sa boutique depuis le début de l'année.

› L'accord du participe passé

❹

Accordez le participe passé quand c'est nécessaire.

1. *Hold up à Lyon.* Les deux supporters que la police avait arrêté.......... la semaine dernière ont réussi.......... à s'évader.

2. *Agression dans le métro.* Le couple agressé a retiré.......... la plainte qu'il avait déposé.......... hier.

3. *L'affaire des bijoux de Londres.* Le suspect avoue : « Oui, c'est moi qui les ai volé.......... et je les ai revendu.......... ensuite à un milliardaire italien. »

4. *Retrouvailles.* Il a retrouvé.......... sa sœur grâce à l'émission *Perdus de vue* : il ne l'avait pas vu.......... depuis soixante ans !

5. *L'honnêteté paie !* Une petite fille de dix ans a rapporté.......... au commissariat une enveloppe avec 20 000 € qu'elle avait trouvé.......... dans la rue. Les policiers l'ont félicité.......... et le propriétaire l'a récompensé.......... en lui donnant 1 000 €.

6. *Enlèvement du professeur Renoir.* La jeune fille, unique témoin de la scène, déclare : « Ils étaient quatre, je les ai vu.......... comme je vous vois ! Mais heureusement, eux, ils ne m'ont pas vu.......... . »

La forme passive

Associez les éléments des quatre colonnes pour fabriquer des titres de faits divers classiques ou insolites. (Plusieurs combinaisons sont possibles.)

Exemple : Un ministre a été agressé par une baleine !

Le plus gros diamant du monde	construire		une inconnue.
Une île	agresser		un enfant de dix ans.
Un ministre	dérober	par	une baleine.
La tour Eiffel	découvrir		un Français.
Un tableau de Picasso	acheter		un milliardaire.

Conjuguez les verbes à la forme passive ou active, aux temps qui conviennent.

Hier après-midi dans le centre de Nantes, des passants .... *(voir)* une scène insolite :

une petite fille de quatre ans, qui .... *(profiter)* d'un moment d'inattention de

ses parents, ... *(se promener)* à vélo en plein milieu de la rue. Immédiatement,

les automobilistes qui .... *(passer)*, conscients du danger, ...

(interrompre) la circulation ; la police, qui .... *(appeler)* sur les lieux,

.... *(recueillir)* l'enfant et .... *(prévenir)* ses parents.

La semaine dernière déjà, la fillette .... *(s'échapper)* de chez ses parents et

.... *(passer)* l'après-midi, seule, dans les magasins de la ville ; en fin de journée,

elle .... *(reconduire)* à son domicile par une commerçante.

Les policiers .... *(demander)* aux parents de mieux surveiller leur enfant à l'avenir !

Du côté de la COMMUNICATION

› Raconter un évènement, témoigner

Reconstituez le texte de l'article de fait divers.

.... **a.** À l'heure actuelle, même si on ignore les raisons exactes de cette attaque surprise,

.... **b.** Mais pendant qu'ils marchaient tranquillement, des centaines d'abeilles se sont précipitées sur eux.

.... **c.** Panique en montagne

.... **d.** où ils ont reçu un traitement approprié.

.... **e.** Un groupe de promeneurs a été attaqué ce week-end par des abeilles.

.... **f.** Ce groupe s'était donné rendez-vous dans le centre de la Hongrie pour une excursion en montagne.

.... **g.** D'importants secours ont été mobilisés pour transporter les malheureux randonneurs jusqu'à l'hôpital

.... **h.** l'hypothèse la plus vraisemblable est que les abeilles ont été dérangées par ce grand nombre d'inconnus.

.... **i.** et vingt-huit d'entre eux ont été piqués.

En situation

› Faits divers

 13

Écoutez l'enregistrement et cochez les bonnes réponses.

1. Benjamin voulait fêter :
- ❑ **a.** son anniversaire sur Facebook.
- ❑ **b.** son anniversaire chez ses grands-parents avec ses amis.
- ❑ **c.** l'anniversaire de ses grands-parents sur Facebook.

2. Il avait invité :
- ❑ **a.** une vingtaine de personnes.
- ❑ **b.** une soixantaine de personnes.
- ❑ **c.** plus de 30 000 personnes.

3. L'évènement annoncé sur Facebook précisait :
- ❑ **a.** le nombre maximum d'invités.
- ❑ **b.** le nom et l'adresse des invités.
- ❑ **c.** la date et le lieu de la fête.

4. Mardi soir, le père de Benjamin :
- ❑ **a.** n'était pas d'accord sur le nombre total des invités.
- ❑ **b.** ignorait quel était le nombre total des invités.
- ❑ **c.** approuvait le nombre total des invités.

5. Finalement :
- ❑ **a.** la fête a eu lieu avec un nombre très important d'invités.
- ❑ **b.** la fête a été annulée avant la date.
- ❑ **c.** la fête n'a pas encore eu lieu et on ne sait pas combien de personnes vont y assister.

9

Lisez l'article et cochez les bonnes réponses.

LES « LINGOTS D'OR » DU RER

La police de Palaiseau avait été appelée vendredi pour un colis suspect sur une rame du RER B. Après intervention
5 des services de sécurité, environ 20 kilos de ce qui ressemblait à des lingots d'or avaient été découverts dans la mystérieuse valise.
10 Durant tout le week-end, on s'est beaucoup interrogé sur les raisons de l'abandon de cette valise qui contenait un trésor estimé à 800 000 euros.
15 Et le conducteur du RER qui en avait fait la découverte rêvait déjà d'une nouvelle vie : en effet, la loi permet de garder la moitié du trésor trouvé, si
20 son propriétaire ne le réclame pas.

Mais la commissaire Le Bail a mis fin mardi à ces espoirs. « *L'expertise a pu démontrer*
25 *ce matin qu'il ne s'agissait pas d'or. Il s'agit de lingots de métal, mais les analyses ne permettent pas encore de déterminer la nature exacte de*
30 *ce métal* », a-t-elle déclaré à la presse. « *Ils ont simplement été recouverts d'une fine couche dorée qui contiendrait certainement une très petite*
35 *quantité d'or, mais quand on gratte un peu, on se rend compte que ce n'est pas de l'or* », a-t-elle ajouté.

L'enquête se poursuit pour
40 déterminer l'origine des lingots et leur utilité.

1. Les faits se sont déroulés :
  ❏ **a.** en début de semaine.
  ❏ **b.** dans le courant de la semaine.
  ❏ **c.** pendant le week-end.

2. On a découvert une valise contenant :
  ❏ **a.** des lingots d'or d'une valeur
    de 800 000 euros.
  ❏ **b.** 800 000 euros.
  ❏ **c.** de faux lingots d'or.

3. Cette découverte a eu lieu :
  ❏ **a.** dans une gare de RER.
  ❏ **b.** dans un wagon de RER.
  ❏ **c.** sur le quai du RER.

4. La personne qui a découvert la valise :
  ❏ **a.** a remis celle-ci à la police.
  ❏ **b.** l'a remise à son propriétaire et a reçu une
    forte récompense.
  ❏ **c.** a gardé la valise et son contenu.

5. À l'heure actuelle, la police se demande encore :
  ❏ **a.** s'il s'agit de véritables lingots d'or.
  ❏ **b.** pourquoi le propriétaire des lingots s'est
    présenté sous une fausse identité.
  ❏ **c.** d'où viennent les lingots et à qui ils étaient
    destinés.

› Fait divers insolite

**Vous êtes journaliste et vous rédigez un article sur un fait divers pour le journal *Sud Express*.
Vous évoquez le fait divers illustré ci-dessous.**

• Donnez un titre au fait divers.
• Donnez des précisions sur les circonstances (où, quand…).
• Évoquez les faits successifs.
• Évoquez les causes éventuelles et les conséquences/les suites de ce fait divers.

1.

2.

3.

4.

Du côté du LEXIQUE

› Parler de cinéma

Complétez les trois messages avec les mots suivants. Faites les modifications nécessaires.

rôle – synopsis – mise en scène – fiche technique – scénariste – film – producteur – scène – interprétation – bande-annonce – acteur – scénario

1.

| Nouveau | Répondre | Répondre à tous | Transférer | Supprimer | Indésirable | Tâche | Catégories | My Day | Envoyer/Recevoir |

Cher monsieur,

Je viens de lire le/la/l'............................ que vous m'avez envoyé.

Il y a des .... très émouvantes. J'ai beaucoup aimé et j'accepte de

produire le/la/l'............................. Pour le/la/l'............................ du rôle principal,

je préférerais un inconnu. On en reparle ?

Cordialement,

Carlos Pontini, producteur

2.

| Nouveau | Répondre | Répondre à tous | Transférer | Supprimer | Indésirable | Tâche | Catégories | My Day | Envoyer/Recevoir |

Cher ami,

Je t'envoie le manuscrit du jeune .... dont je t'ai déjà parlé. Je serai

le/la/l'............................ du film et j'ai pensé à toi pour le/la/l'.............................

Je préférerais qu'on engage un/une .... inconnu(e) pour le premier

.... Qu'en penses-tu ?

Carlos Pontini

3.

| Nouveau | Répondre | Répondre à tous | Transférer | Supprimer | Indésirable | Tâche | Catégories | My Day | Envoyer/Recevoir |

Monsieur

Je suis chargé de la présentation de votre film sur Internet. Nous avons donc besoin

du/de la/de l'............................ de *Passagers de l'impossible* pour connaître le thème

et compléter le/la/l'............................ qui figurera sur notre site. Pourriez-vous

aussi nous préciser quels extraits du film vous avez choisis pour constituer

le/la/l'............................ ?

Avec nos remerciements,

Adrien Marchand, directeur de la communication – Cinécinéma.com

2

Associez les éléments des trois colonnes. (Plusieurs combinaisons sont parfois possibles.)

	joue (dans)	
	obtient	un prix.
Un film	est décerné à	un succès.
Un acteur	gagne	un/des acteur(s)/actrice(s).
Un producteur	est	un rôle.
Un réalisateur	dirige	un film.
Un trophée	récompense	à l'affiche.
	remporte	
	finance	

Du côté de la GRAMMAIRE

› La place de l'adverbe

3

Mettez les adverbes entre parenthèses à la place correcte.

1. Cet acteur a interprété la comédie. *(rarement)*

....

2. Le public avait accueilli le premier film de ce réalisateur. *(mieux)*

....

3. Ils n'ont pas vu la star à cause de la foule. *(bien)*

....

4. Le réalisateur a quitté la salle de projection. *(discrètement)*

....

4

Reformulez les phrases en utilisant un des adverbes à la place des expressions soulignées.

toujours – brillamment – jamais – peu

Exemple : J'ai assisté à la remise des prix <u>de nombreuses fois</u>.
          *→ J'ai **souvent** assisté à la remise des prix.*

1. C'est un acteur qui ne m'a <u>pas</u> déçu <u>une seule fois</u>.

....

2. Je suis allé au cinéma <u>seulement deux ou trois fois</u> l'année dernière.

....

3. <u>Toute ma vie</u>, j'ai adoré le cinéma.

....

4. Le jeune comédien a interprété le rôle <u>avec talent</u>.

....

> **Exprimer des appréciations sur un film**

5

Placez les adjectifs avant ou après les noms soulignés. Faites les modifications nécessaires.

1. Il faut absolument aller voir le <u>film</u> *(nouveau)* du <u>réalisateur</u> *(célèbre)* Almoves ! Un <u>chef-d'œuvre</u> *(véritable)* !

....

....

2. Courez voir *Pardon, mon fils !* Vous apprécierez l'<u>histoire</u> *(émouvante)* d'un <u>aveugle</u> *(jeune)* et de son <u>père</u> *(vieux)*.

....

....

3. Vous serez émerveillés par les <u>décors</u> *(beaux)* et la <u>musique</u> *(jolie)* de ce film ! C'est de l'<u>art</u> *(grand)* !

....

....

4. Sans hésitation, le <u>film</u> *(meilleur)* d'Almoves ! Un <u>succès</u> *(mérité)* !

....

5. Un <u>moment</u> *(beau)* de cinéma, un <u>film</u> *(rare)* !

....

....

6. Une <u>merveille</u> *(petite)* !

....

Du côté de la **COMMUNICATION**

> **Exprimer des appréciations sur un film**

6

Pour chaque situation, cochez les formules correctes.

1. Le scénario vous a plu, vous dites :
- ❏ **a.** Le scénario est banal.
- ❏ **b.** Aucune surprise : toutes les situations sont prévisibles.
- ❏ **c.** J'ai été séduit par l'originalité de l'histoire.
- ❏ **d.** L'histoire m'a fasciné(e).

2. Vous n'avez pas aimé le jeu des acteurs, vous dites :
- ❏ **a.** L'interprétation est magistrale.
- ❏ **b.** Le jeu des acteurs est caricatural.
- ❏ **c.** Les acteurs ont beaucoup de talent.
- ❏ **d.** Les acteurs jouent de manière artificielle.

3. Vous avez apprécié le rythme du film, vous dites :

☐ **a.** Beaucoup de longueurs !

☐ **b.** On ne s'ennuie pas un seul instant.

☐ **c.** On est immédiatement pris par le rythme.

☐ **d.** C'est incroyablement lent.

4. Certaines scènes vous ont déplu, vous dites :

☐ **a.** La fin est nulle.

☐ **b.** Il y a quelques scènes inoubliables.

☐ **c.** La scène de la rencontre est émouvante.

☐ **d.** Les scènes de violence sont insoutenables.

En situation

› À l'affiche

Vrai ou faux ? Lisez l'article et cochez les bonnes réponses.

LE VRAI HANDICAPÉ D'*INTOUCHABLES* SALUE LE TON JUSTE DU FILM

Intouchables fait l'unanimité en Suisse romande. Il est basé sur une histoire réelle. Et le véritable Philippe, le tétraplégique[1] de la comédie, félicite le travail des réalisateurs. C'est le film dont
5 tout le monde parle en ce moment. En effet, sorti le 2 novembre dernier sur les écrans suisses, il enthousiasme le public. En France, la comédie dramatique réalisée par le duo Éric Toledano et Olivier Nakache s'annonce également comme le
10 succès de l'année, avec plus de 1,6 million d'entrées au cinéma les cinq premiers jours d'exploitation, soit le meilleur démarrage de l'année.

Le film raconte l'histoire de Driss, un jeune de banlieue (Omar Sy) qui devient par hasard les
15 bras et les jambes de Philippe (François Cluzet),
un riche bourgeois devenu tétraplégique après un accident de parapente.

Le long-métrage est basé sur une histoire vraie. Celle d'Abdel Sellou et de Philippe Pozzo di
20 Borgo, un homme d'affaires paraplégique[2] qui vit désormais à Essaouira, au Maroc. Il vient de donner son avis sur le film dans les colonnes du *Figaro*. Et selon lui, Éric Toledano et Olivier Nakache ont réussi à trouver le ton juste pour raconter son
25 histoire. Il faut croire qu'Éric et Olivier ont su faire la part des choses, entre le rire et l'émotion. L'enthousiasme des spectateurs le prouve !

D'après //http://archives.lematin.ch/

1. **Tétraplégique :** paralysé des bras et des jambes.
2. **Paraplégique :** paralysé des deux jambes.

☐ **1.** Le film *Intouchables* plaît plus au public suisse qu'au public français.

☐ **2.** Deux personnes ont réalisé la mise en scène de ce film.

☐ **3.** Le film raconte la rencontre entre un homme riche handicapé et un jeune issu d'un milieu défavorisé.

☐ **4.** Le jeune homme va s'occuper de sa rééducation.

☐ **5.** *Intouchables* est une comédie mais qui nous bouleverse aussi.

8 14

a) Associez affiches et commentaires.

b) Pour chaque commentaire, indiquez par des étoiles le type de critique. Justifiez vos réponses.

***** chef-d'œuvre   **** très bon film   *** bon film/pas mal   ** film moyen   * mauvais film

	Films	Critiques
Spectateur 1	Affiche	....
Spectateur 2	Affiche	....
Spectateur 3	Affiche	....
Spectateur 4	Affiche	....

a.   b.   c.   d.

9

a) L'ensemble de votre classe a participé activement à la réalisation d'un film et à son interprétation.
Imaginez les informations suivantes :

– le titre de ce film et son scénario ;
– le nom du réalisateur ;
– les acteurs principaux et leurs rôles respectifs.

b) Sur une feuille séparée, vous rédigez la présentation de ce film pour la presse.

Celle-ci doit comporter :
– la fiche technique du film ;
– un petit résumé ;
– une critique de ce film.

Du côté du LEXIQUE

> ## Parler de la vie associative

1

Choisissez le mot qui convient.

SPORTS ET LOISIRS
pour *TOUS*

Nous sommes heureux de vous informer de la ....
(*répétition – reprise*) de nos activités à partir du 1ᵉʳ octobre.

Les .... (*inscriptions – entrées*) à nos différents

.... (*séminaires – ateliers*) se dérouleront le 15 septembre

à l'occasion du forum des .... (*participations – associations*).

Les .... (*coûts – tarifs*) vous seront communiqués ce jour-là.

Nous espérons vous compter au nombre de nos ....

(*participants – adhérents*) !

2

Complétez avec les mots suivants.

cotisation – association – bénévole – membre – entraînement – activité – licence

 http://www.sportetloisirs.com

Sports et Loisirs de Compiègne

Notre .... vous propose différentes .... sportives.

Elle est entièrement dirigée par des .... qui donnent de leur temps sans compter.

Vous désirez devenir .... ? Une simple .... annuelle par famille

est demandée ainsi qu'une .... pour chaque sport pratiqué.

Vous hésitez entre plusieurs sports ? Nous vous proposons de participer à un ....

pour vous faire une idée plus précise.

Du côté de la **GRAMMAIRE**

› Les pronoms personnels après *à* et *de*

❸

Complétez les répliques en utilisant le verbe donné entre parenthèses et le pronom qui convient.

1. – Clémence est très patiente avec les petits.

– C'est vrai, elle *(bien s'occuper)* ....

2. – Je dois aller voir Sonia pour les inscriptions ?

– Oui c'est exact, il faut que vous *(s'adresser)* ....

3. – J'ai oublié comment il est physiquement.

– Moi, c'est la même chose : je *(ne plus se souvenir)* ....

4. – Il faut prévenir le président des associations.

– Oui, je *(parler)* .... demain.

5. – Je pense que Martin peut convenir pour ce job d'animateur.

– Moi aussi, j'ai *(penser)* ....

6. – Vous ne la prenez plus comme animatrice cette année ?

– Non, elle a fait trop d'erreurs, on ne peut plus *(faire confiance)* ....

7. – Aurélien ne fait pas assez attention aux nouveaux inscrits.

– Oui, c'est vrai, il *(se désintéresser)* ....

8. – Cet enfant est très doué, il a beaucoup d'avenir.

– Oui, il y a déjà un grand club de foot qui *(s'intéresser)* ....

❹

Reformulez en utilisant un verbe de construction indirecte et le pronom qui convient.

Exemples : La présence de l'animateur est indispensable le jour des inscriptions.
→ On a besoin de lui.
Je rédige une lettre pour le directeur.
→ Je lui écris une lettre.

1. Il faut contacter cette jeune fille pour les inscriptions.

Il faut ....

2. Tu peux avoir confiance en ces animateurs.

Tu peux ....

3. Ces jeunes sportives sont au centre de toutes les conversations.

Tout le monde ....

4. Je remercie l'animateur pour son enseignement.

Je ....

5. Je garderai en mémoire le souvenir de cette femme exceptionnelle.

Je ....

› Les pronoms indirects *en* et *y*

Complétez avec le pronom qui convient.

1. Le bénévolat ? J'............. pense depuis un certain temps mais je n'............. ai jamais parlé à la maison.

2. Vous nous demandez si on aimerait faire partie d'une chorale ? Bien sûr ! On .... a très envie mais on n'............. croit pas trop : on n'a encore jamais chanté dans un groupe !

3. Vous ne voulez plus animer l'atelier ? Réfléchissez .... d'abord et on .... reparlera plus tard.

4. Ah ! Tu crois qu'ils ont vendu leur vieille voiture ? Mais pas du tout : ils s'............. servent tous les jours !

5. Comment ? Tu ne sais pas que Lucas a abandonné son projet d'association : il ne s'............. intéresse plus du tout et il n'............. parle plus autour de lui.

Du côté de la **COMMUNICATION**

› Inciter à pratiquer une activité

❻

Complétez avec les expressions suivantes. (Plusieurs réponses sont parfois possibles.)

Allez-y, vous verrez bien ! – cet atelier s'adresse à lui ! – Pourquoi ne pas vous inscrire ? –
Vous avez peur de ne pas être au niveau ? – inscrivez-le sans tarder – n'hésitez pas, lancez-vous ! –
faites vite, il ne reste pas beaucoup de places. – n'hésitez pas – Et si vous appreniez le chinois

1. – Hier, au forum annuel des associations, j'ai vu qu'on proposait un atelier de salsa.

– ....

– Mais je suis débutante, j'en ai fait seulement une semaine pendant les vacances !

– .... C'est ça ?

– Ben, oui, un peu.

– Ça, ce n'est pas un problème, ... Vous qui aimez bouger, vous serez sûrement enchantée !

– Mais ....

2. – Bonjour, je cherche un atelier pour mon fils de douze ans mais je ne sais pas lequel choisir.

– On ouvre un atelier de danse africaine cette année, on a déjà pas mal d'inscrits.

– Ah bon, c'est bien vous croyez ?

– Écoutez, s'il aime bouger, ...

– Mais, en fait, je crois qu'il préférerait jouer d'un instrument.

– Alors, ..., prenez le cours de jazz ! Ça plaît beaucoup aux jeunes.

– Oui, c'est peut-être une bonne idée, je vais voir avec lui.

– Très bien. Mais un conseil : ...., l'atelier a énormément de succès !

3. – La danse, le sport, tout ça, ça ne m'intéresse pas.

– ...., vous qui aimez l'exotisme ?

– Oh non ! Je ne vais rien y comprendre, c'est bien trop dur.

– Pas du tout, il y a un cours pour grands débutants, alors .... !

En situation

›Au fil de l'épée

7   15

Écoutez l'enregistrement et cochez les bonnes réponses.

1. Le responsable de l'association s'exprime :
   - ❑ **a.** pendant une séance d'escrime.
   - ❑ **b.** à l'occasion du forum des associations.
   - ❑ **c.** le jour de la fête de fin d'année.

2. L'association Au fil de l'épée :
   - ❑ **a.** a déjà 160 adhérents.
   - ❑ **b.** ne peut pas recevoir plus de 160 adhérents.
   - ❑ **c.** vient d'inscrire 160 nouveaux adhérents.

3. Les débutants inscrits à l'association :
   - ❑ **a.** doivent acheter leur équipement complet à l'association.
   - ❑ **b.** peuvent louer leur équipement à l'association.
   - ❑ **c.** peuvent utiliser gratuitement un équipement de l'association.

4. Il est possible de s'inscrire à l'association :
   - ❑ **a.** uniquement en octobre.
   - ❑ **b.** uniquement le jour du forum des associations.
   - ❑ **c.** à tout moment de l'année.

5. L'escrime est un sport :
   - ❑ **a.** praticable à tout âge.
   - ❑ **b.** réservé aux enfants.
   - ❑ **c.** réservé aux adultes.

6. L'escrime :
   - ❑ **a.** nécessite plusieurs années de pratique.
   - ❑ **b.** s'apprend rapidement.
   - ❑ **c.** s'apprend en une seule séance.

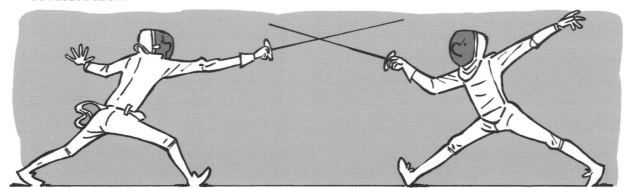

›Association Déclics

8

Vous êtes responsable de l'association Déclics, qui regroupe des amateurs de photographie. Sur une feuille séparée, vous rédigez la présentation de l'association pour la page d'accueil de son site Internet afin d'inciter les personnes à s'y inscrire.

Vous devez donner des précisions sur :
– les activités de l'association ;
– les jours et horaires ;
– le coût de l'adhésion ;
– un ou deux témoignages de membres qui font part de leur vécu.

Du côté du **LEXIQUE**

› **Les informations sur les prestations touristiques**

❶

Choisissez le mot qui convient.

À LOUER AU BLEYMARD-MONT LOZÈRE

Plusieurs .... *(hôtels – gîtes)* ruraux

Ils sont tous situés en pleine .... *(paysage – nature)* à proximité d'un ....
(sentier – couloir) de randonnée ainsi que d'un .... *(circuit – tour)* pour VTT et proposent
plusieurs formules d'...................... *(habitat – hébergement)* en demi-pension ou en pension
.... *(complète – totale)*.
Ouvert toute l'année, tarifs spéciaux en .... *(basse – petite)* saison.
Sur place : .... *(achat – location)* possible de VTT.

* **VTT** : vélo tout terrain

› **Devinettes**

❷

Trouvez les réponses des devinettes.

1. On doit la confirmer avant son arrivée : la R _ _ _ _ _ _ _ _ _N

2. On y va pour dormir sous une tente : un C _ _ _ _ N G

3. On peut en faire à pied ou à vélo pour découvrir les paysages : une R _ _ _ _ _ _ _ E

4. On peut les utiliser pour porter les bagages pendant la randonnée et les enfants les adorent : les Â _ _ S

5. On peut en louer un quand on veut un hébergement en pleine nature : un G _ _ E R _ _ _ L

Du côté de la **GRAMMAIRE**

› **Les pronoms *en* et *y* pour indiquer le lieu**

❸

***En* ou *y* ? Choisissez le pronom qui convient.**

– C'était super, les vacances ! On est allés dans les Pyrénées ; côté français, on avait trouvé un camping près

de la frontière, on .... a passé une nuit, puis on .... est repartis le lendemain, direction l'Espagne.

– Et vous .... êtes restés longtemps ?

– Une semaine complète parce qu'on .... avait réservé une chambre chez l'habitant.

On .... revient enchantés ! Et toi, tu pars où, la semaine prochaine ?

– En Alsace. J'ai toute ma famille là-bas et j'.............. passe la plupart de mes vacances.

4

Complétez les messages publicitaires avec le pronom qui convient.

AU CŒUR DE LA FRANCE : L'AUVERGNE

1. On .... revient en pleine forme et avec des souvenirs inoubliables !

2. Vous n'............. viendrez plus par hasard.

3. Venez-............. pour le week-end, vous .... repartirez à regret.

4. Quand vous connaîtrez la magie des lieux vous n'aurez qu'une idée : .... retourner bien vite.

5. La première fois, on .... va sans savoir puis on .... revient enchanté

   et on .... retourne pour le plaisir.

6. Vous n'............. êtes encore jamais allé ? Alors, allez-............. sans tarder !

› Le gérondif

5

Reformulez en transformant un des deux verbes en gérondif.

1. On a voulu tenter l'expérience : on a vécu une semaine dans un igloo.

   ....

2. Vous ferez une randonnée pédestre et vous verrez de merveilleux paysages.

   ....

3. Nous avons économisé beaucoup d'argent : nous avons choisi la formule du camping.

   ....

4. On a fait plaisir aux petits et aux grands quand on a réuni la famille dans un gîte rural.

   ....

5. « Quelle belle sportive ! » J'ai accepté ce compliment mais j'ai rougi.

   ....

Du côté de la COMMUNICATION

› Demander/Donner des informations sur les prestations touristiques

 6

Pour chaque situation, cochez les formules correctes.

1. Vous précisez le type d'hébergement, vous dites :
   - ❏ **a.** Je loge dans un gîte.
   - ❏ **b.** Je descends dans un hôtel.
   - ❏ **c.** Je séjourne dans la région.
   - ❏ **d.** Je dors dans le salon.

2. Vous donnez une indication sur les prix, vous dites :
   - ❏ **a.** Je suis parti en basse saison.
   - ❏ **b.** J'ai bénéficié d'un tarif réduit.
   - ❏ **c.** J'ai choisi la formule en pension complète.
   - ❏ **d.** J'ai obtenu une réduction de 10 %.

3. Vous précisez le type de séjour, vous dites :
   - ❏ **a.** J'ai vécu en pension.
   - ❏ **b.** J'ai pris la pension complète.
   - ❏ **c.** Je suis resté une journée et demie.
   - ❏ **d.** J'ai choisi la formule chambre + petit déjeuner.

4. Vous avez choisi un week-end original, vous dites :
   - ❏ **a.** On a découvert la région en VTT.
   - ❏ **b.** On a participé à un atelier d'œnologie dans un château.
   - ❏ **c.** On a passé la nuit perchés dans un arbre.
   - ❏ **d.** On a fait du camping au bord d'une rivière.

En situation

› Sur l'eau

 **7**

Lisez cette publicité sur Internet. Puis écoutez l'enregistrement et relevez sur une feuille séparée les informations qui ont été mal comprises.

@ http://www.loisante.com

Pause sur l'eau à bord d'une péniche

Lydia et Martin ont posé leur péniche **L'Oisante** sur un canal de l'Oise.
Ils vous accueillent dans un hébergement atypique, sous la cabine de pilotage !

Les prestations comprennent :
- la nuit en chambre double à bord de l'Oisante à quai ;
- le petit déjeuner, sur le pont ou en cabine ;
- le linge de lit et de toilette.

Pas de tarif basse ou haute saison : ces prix s'entendent toute l'année.

	1 personne	2 personnes
1 nuit	90 euros	100 euros
2 nuits	150	180

Des arrhes sont à verser afin de valider votre réservation
(30 % du montant total). Le reste est à régler à votre arrivée.

Nous n'acceptons pas les animaux. La chambre est non-fumeur.

Des vélos sont à votre disposition.

Nous vous accueillons à partir de 16 h, et la chambre est à libérer le matin avant 11 h.

› Sur les pas de Jean-Jacques Rousseau

Vrai ou faux ? Lisez l'article et répondez.

WEEK-END
RÊVERIES DANS L'UNIVERS DE ROUSSEAU

› À 45 minutes de Paris par l'autoroute et à seulement une heure de l'aéroport de Beauvais, le département de l'Oise fête cette année le tricentenaire de la naissance de **Jean-Jacques Rousseau**.

› Tout au long de l'année, de janvier à décembre, une centaine de manifestations se dérouleront dans tout le département de l'Oise.

› À cette occasion, l'agence de tourisme Grand'air propose un week-end culturel à **Ermenonville** où le célèbre écrivain et philosophe, originaire de Genève, a passé de longs séjours et a vécu ses derniers jours.

« Il y a longtemps que mon cœur me faisait désirer venir ici, mes yeux me font désirer actuellement d'y rester toute ma vie. »
Ce sont les mots de Jean-Jacques Rousseau qui évoquait Ermenonville au marquis de Girardin.
C'est vrai qu'ici on rompt le rythme, on se promène, on se pose. Après une visite à l'abbaye de Chaalis puis une balade dans le parc Jean-Jacques Rousseau, vous savourerez un délicieux goûter bio, confortablement installés dans le jardin caché d'un salon de thé au charme d'autrefois. La nuit, vous séjournerez dans une charmante chambre d'hôte au cœur du village.

Retrouvez le programme détaillé de cette offre sur
week-end_Rousseau.fr

❑ **1.** Le département de l'Oise propose des manifestations en l'honneur de Rousseau.

❑ **2.** L'Oise est située à trois quarts d'heure de Paris en avion.

❑ **3.** Rousseau est né il y a trois cents ans.

❑ **4.** Rousseau est né à Ermenonville.

❑ **5.** On propose de passer un week-end dans l'univers de Rousseau.

❑ **6.** Le programme du week-end comprend un dîner et une nuit à l'hôtel du parc Jean-Jacques Rousseau.

› L'air des vacances

**Votre séjour chez Tony et Patricia Lefort se termine.
Sur une feuille séparée, vous écrivez une carte postale de vacances à un(e) ami(e) ou à un(e) parent(e).**

Précisez :
– la région où vous êtes et avec qui ;
– le type d'hébergement ;
– la durée et le prix total du séjour ;
– les activités réalisées sur place.

Bienvenue au club de parapente de Tony et Patricia LEFORT

➲ **Côté ciel,** Tony, moniteur expérimenté, vous fera survoler la région d'Annecy en parapente. Vous serez émerveillés par la beauté des paysages ! Cet expert pourra vous enseigner aussi l'art de la photo aérienne.

➲ **Côté terre,** Patricia vous emmènera pour une randonnée aromatique et gustative et vous initiera à l'univers des plantes sauvages.

➲ **Le soir,** vous dégusterez les spécialités régionales autour d'une table chaleureuse et pourrez dormir sur place.

Club de parapente Tony et Patricia LEFORT
Ferme des Édelweiss – Route du Semnoz – 74410 Saint-Jorioz

Du côté du LEXIQUE

> ## Autour de la musique

**Complétez avec les mots suivants.
Faites les modifications nécessaires.**

tournée – album – groupe – concert – titre –
couplet – refrain – création – chanson

ENVIE DE PARLER DE TES IDOLES ?

MUSIC'STARS te donne la parole.

« Je suis fan du .... Micro. Je viens d'acheter

leur dernier .... enregistré aux États-Unis.

J'adore toutes leurs .... surtout la

.... qui a pour ....

« Danse autour de la terre ». Je connais par cœur

le .... et deux ou trois ....

Et je suis impatient de les voir : ils vont donner

un .... dans ma ville cet été à la fin

de leur .... européenne ! »

Aurélien, 15 ans, Nice

Du côté de la GRAMMAIRE

> ## Exprimer un souhait/un espoir

**Complétez les mails avec *espérer* ou *souhaiter*. Faites les modifications nécessaires.
Puis identifiez le type de correspondance : professionnelle ou personnelle ?**

1.

Nouveau	Répondre	Répondre à tous	Transférer	Supprimer	Indésirable	Tâche	Catégories	My Day	Envoyer/Recevoir

Mademoiselle,

Je .... que vous soyez présente à l'enregistrement de l'album des Chats hurlants

le 16 mai. Je .... que vous pourrez vous libérer pour cette date.

Monsieur LAMARK, directeur de Discoone

correspondance ☐ professionnelle ☐ personnelle

2.

Nouveau	Répondre	Répondre à tous	Transférer	Supprimer	Indésirable	Tâche	Catégories	My Day	Envoyer/Recevoir

Ma chérie,

Je .... que tout va bien à la maison et que les enfants sont sages. Je ne rentrerai que

demain soir parce que mon frère Marc .... que je fasse un détour pour le voir.

Bises,

Laurent

correspondance ☐ professionnelle ☐ personnelle

3.

Nouveau Répondre Répondre à tous Transférer Supprimer Indésirable Tâche Catégories My Day Envoyer/Recevoir

Un cocktail est prévu après le concert de musique classique le dimanche 22 décembre à partir de 18 heures à la salle des fêtes. Nous .... que vous y viendrez nombreux !

La direction

correspondance ❑ professionnelle ❑ personnelle

4.

Nouveau Répondre Répondre à tous Transférer Supprimer Indésirable Tâche Catégories My Day Envoyer/Recevoir

Comment ça ? Tu .... que nous vivions de nouveau ensemble ! Eh bien moi, j'en ai assez de la vie d'artiste et je .... que nos chemins ne se croiseront plus jamais ! Salut,

Ariane

correspondance ❑ professionnelle ❑ personnelle

❸

a) Lisez le mail puis complétez les réactions des amis d'Hélène : mettez les verbes à la forme qui convient.

Nouveau Répondre Répondre à tous Transférer Supprimer Indésirable Tâche Catégories My Day Envoyer/Recevoir

Chers amis,
Nous partons demain en Bretagne pour une semaine. On emmène les trois enfants et le chien.
Je connais le climat breton... Par prudence, j'ai mis des pulls et des imperméables dans les valises !
On a loué des chambres dans un gîte : sur place, on ne connaît personne... On verra bien !
Bises
Hélène

1. J'espère que vous .... *(ne pas avoir)* trop de circulation sur la route.

2. Je souhaite que tout .... *(aller)* bien pendant votre voyage.

3. J'espère que vos enfants .... *(ne pas être)* malades en voiture !

4. Je souhaite que votre chien .... *(se tenir)* tranquille dans la voiture.

5. Je souhaite qu'il .... *(ne pas pleuvoir)* en Bretagne cette semaine.

6. J'espère que vous .... *(pouvoir)* vous baigner tous les jours.

7. Je souhaite que vous .... *(rencontrer)* beaucoup de gens intéressants sur place.

b) Transformez les phrases précédentes : remplacez *j'espère* par *je souhaite* et *je souhaite* par *j'espère*.

1. ....

2. ....

3. ....

4. ....

5. ....

6. ....

7. ....

› Le conditionnel présent

a) Mettez les verbes au conditionnel.

1.

2.

À chacun ses souhaits !

1. « Mes parents .... *(vouloir)* que je sois comme eux mais moi j'...............................

.... *(aimer)* qu'ils me comprennent, je .... *(préférer)* qu'ils m'acceptent comme je suis.

Et puis ma petite amie .... *(aimer)* pouvoir venir à la maison, mais ça, c'est impossible

pour eux ! » (Thomas)

2. « Je sais bien, ma mère .... *(préférer)* avoir une fille qui pense seulement à ses études,

mais moi je .... *(vouloir)* sortir le soir, j'............................... *(aimer)*

qu'elle me donne plus d'argent de poche. Mes deux meilleures copines .... *(adorer)*

dormir à la maison quelquefois, mais ma mère ne veut pas ! » (Sonia)

b) Imaginez les souhaits des parents de Thomas puis ceux de la mère de Sonia, à propos de leurs enfants.

1. ....

....

....

....

2. ....

....

....

....

❺

Transformez les injonctions en suggestions : utilisez les verbes *falloir*, *devoir* ou *pouvoir* au conditionnel. (Plusieurs réponses sont parfois possibles.)

Exemple : <u>*Encourageons*</u> *la natalité* → *On devrait encourager la natalité.*

1.

> *Europe : de moins en moins de bébés naissent chaque année*
>
> <u>Encourageons</u> la natalité : <u>aidons</u> les familles pour les frais de garde des enfants !
> <u>Demandons</u> aux couples sans enfant de payer un impôt supplémentaire !

....

....

....

2.

Les réserves de pétrole s'épuisent

➤ <u>Développons</u> d'autres sources d'énergie !

➤ <u>Demandons</u> aux équipes municipales des grandes villes d'installer un système de vélos gratuits !

➤ <u>Privilégions</u> le transport des marchandises par le train !

➤ <u>Obligeons</u> les industries à utiliser davantage l'énergie solaire !

....

....

....

....

Du côté de la **COMMUNICATION**

› Exprimer un souhait, un espoir, faire une suggestion

❻

Faites parler les différentes personnes : elles expriment un souhait, un espoir ou font une suggestion. Inspirez-vous des dessins.

1. Deux randonneurs se sont perdus dans la montagne. L'un est optimiste, l'autre moins.

Premier randonneur (optimiste) : ....

Deuxième randonneur : ....

2. Thomas, 17 ans, va passer son bac. Ses parents discutent de son avenir. Ils n'ont pas les mêmes idées.

La mère : ....

Le père : ....

3. Barthélemy Duquesne, jeune tennisman, parle avec son entraîneur avant un match important.

Barthélemy (très nerveux) : ....

L'entraîneur : ....

En situation

› Souhaits

7

Écoutez l'enregistrement.

a) Cochez les bonnes réponses.

☐ **1.** Il s'agit d'une émission de radio.

☐ **2.** Des travailleurs sont interviewés le 1er mai.

☐ **3.** Ils témoignent à propos de leurs conditions de travail.

b) Pour chaque personne, identifiez sur quoi portent les deux souhaits exprimés.

a. relations avec les collègues

b. autonomie et responsabilité

c. relations avec la hiérarchie

d. climat social dans l'entreprise

e. reconnaissance de l'investissement dans le travail

f. possibilité d'évolution professionnelle

Témoignage n° 1	Témoignage n° 2	Témoignage n° 3
....	....	....

› Suggestions

8

Vous intervenez sur le forum de Goûtons un monde meilleur.
Sur une feuille séparée, faites vos suggestions.

@ http://www.goutons-un-monde-meilleur.fr

Pour une alimentation respectueuse de la nature et des hommes

jocelyn	À l'école, il faudrait donner des cours de jardinage bio aux enfants...

Du côté du **LEXIQUE**

› **L'humanitaire**

Complétez le message avec les mots suivants. Faites les modifications nécessaires.

bénévolat – bénévole – ONG – action humanitaire – don – caritatif/caritative – récolter des fonds – venir en aide –
avoir pour vocation – créer

http://www.solidarites.com

SALON DES SOLIDARITÉS

Ce salon .... de réunir de nombreuses

associations .... et de leur permettre

....

Il a été .... en 2005, d'abord sous le nom de

Salon de l'humanitaire. De nombreuses ....

y sont représentées : Médecins sans frontières, l'UNICEF, la Croix-Rouge, etc.

L' .... et le ....

sont donc à l'honneur dans ce salon.

Vous aussi, vous pouvez .... à ceux qui sont

en difficulté en faisant un .... ou en devenant

.... dans l'une de ces associations.

Du côté de la **GRAMMAIRE**

› **Parler des centres d'intérêt**

Complétez avec la préposition qui convient : *à*, *pour* ou *par*. Faites les modifications nécessaires.

1. Je me passionne .... la restauration des monuments anciens.

2. Il est intéressé .... la lutte contre l'analphabétisme.

3. Ils sont passionnés .... les nouvelles technologies au service de l'humanitaire.

4. Nous nous intéressons .... le développement des agricultures locales.

› **Exprimer le but**

3

Complétez avec *afin de*/*pour* ou *afin que*/*pour que*. (Plusieurs réponses sont possibles.)

La parole est aux représentants des ONG.

1. *Care.* « Nous menons des actions sur le terrain .... la pauvreté disparaisse. »

2. *Artisans du monde.* « Nous avons créé cette ONG .... les artisans des pays pauvres puissent vivre de leur travail. »

3. *Scolaction.* « Moi, je représente une association qui a été créée .... aider les enfants en difficulté scolaire. »

4. *Humacoop.* « Nous offrons les structures nécessaires .... former les candidats au départ en mission humanitaire. »

5. *SOS Louiza.* « Nous existons .... les femmes du monde entier soient informées sur leurs droits légaux. »

6. *Goutte d'eau.* « Notre association construit des puits .... les populations victimes de la sécheresse aient accès à l'eau potable. »

› **Le conditionnel pour présenter un projet**

4

Mettez les verbes au conditionnel.

Projet : OptiquePlus

L'idée .... *(être)* de collecter les lunettes usagées auprès des particuliers.

On ne .... *(garder)* que les montures* qu'on .... *(envoyer)* dans différents pays. Sur place, des équipes d'opticiens .... *(organiser)* des consultations gratuites et des techniciens .... *(fabriquer)* ensuite des verres adaptés.

Des bénévoles .... *(aller)* dans les écoles pour proposer les services d'OptiquePlus.

* **Montures** : parties des lunettes qui entourent les verres et qui permettent de les poser sur le nez.

› **Imaginer une situation hypothétique, irréelle**

5

Complétez avec le conditionnel.

Imaginez...

Si le monde entier était un village global de 100 habitants, 59 personnes .... *(être)* asiatiques,

il y .... *(avoir)* 14 Africains, 12 Européens, 9 Sud-Américains, 5 Nord-Américains et 1 Océanien.

Il y .... *(avoir)* également 51 femmes et 49 hommes.

On .... *(compter)* 50 jeunes de moins de 25 ans.

20 personnes – uniquement des hommes – .... *(posséder)* 80 % du village et de ses richesses.

42 personnes ne .... *(boire)* jamais d'eau potable.

50 personnes .... *(vivre)* au cœur même du petit village, 50 autres ....
(résider) aux alentours.

5 hommes et 1 femme .... *(être)* militaires, policiers ou gendarmes.

60 personnes .... *(savoir)* lire, écrire et compter. 40 .... *(être)* des hommes.

50 habitants .... *(pouvoir)* bénéficier de soins de santé.

20 personnes .... *(utiliser)* un ordinateur et 15 d'entre elles .... *(être)*
connectées à un réseau de type Internet.

❻

Imaginez la condition. Utilisez *si* + imparfait.

1. Il y aurait moins de pauvres sur terre si ....

2. La majorité des humains vivraient en bonne santé si ....

3. Les villes seraient moins peuplées si ....

Du côté de la COMMUNICATION

› Exprimer le but

❼

Imaginez et expliquez le but des associations suivantes.

1. SPA (Société protectrice des animaux) : ....

....

2. DENTISTES SANS FRONTIÈRES : ....

....

3. INFORMATIC BÉNÉVOLAT : ....

4. CLOWNS SANS FRONTIÈRES : ....

....

En situation

› Projet dans l'air

8 🎧 💿18

Écoutez l'enregistrement et cochez les bonnes réponses.

1. Le journaliste parle d'un projet qui :
  ☐ **a.** est en cours de réalisation.
  ☐ **b.** est à l'étude.
  ☐ **c.** va être abandonné.

2. Le projet consiste à :
  ☐ **a.** construire un ascenseur sur une station spatiale.
  ☐ **b.** organiser un voyage autour de la Terre à partir d'une station spatiale.
  ☐ **c.** construire un ascenseur pour se rendre dans une station spatiale.

3. La station spatiale se trouverait à :
  ☐ **a.** 200 km de la Terre.
  ☐ **b.** 36 000 km de la Terre.
  ☐ **c.** 2 050 km de la Terre.

4. Le voyage pour atteindre la station spatiale durerait :
  ☐ **a.** 7 jours.
  ☐ **b.** 200 jours.
  ☐ **c.** plus de 200 jours.

5. La station spatiale comporterait :
  ☐ **a.** une ville avec des tours très hautes.
  ☐ **b.** un lieu d'hébergement et un centre scientifique.
  ☐ **c.** un hôtel pour plus de 3 000 personnes.

6. Le voyage spatial coûterait :
  ☐ **a.** 4 000 euros pour 30 personnes.
  ☐ **b.** 4 000 euros par personne.
  ☐ **c.** un prix différent pour chaque personne.

7. Ce projet :
  ☐ **a.** plaît à tout le monde.
  ☐ **b.** plaît uniquement à certains.
  ☐ **c.** ne plaît à personne.

DESTINATION LUNE

ASCENSEUR

> **Bénévolat**

9

**Vous désirez travailler comme bénévole au Groupe de Secours Catastrophe Français.
Sur une feuille séparée, vous écrivez à l'association pour proposer vos services.**

 http://www.gscf.fr

GROUPE DE SECOURS CATASTROPHE FRANÇAIS

Le Groupe de Secours Catastrophe Français est une organisation non-gouvernementale ayant pour mission de venir en aide aux victimes de catastrophes naturelles ou humaines dans le monde entier (séismes, ouragans, inondations, attentats...).

Son personnel est composé de maîtres-chiens, de médecins et infirmiers, de sapeurs-pompiers, de secouristes et de plongeurs.

Nous recherchons en permanence des bénévoles pour travailler aux côtés de nos équipes de spécialistes.

Contactez-nous au 08 30 20 30 20

Monsieur,

Je viens de lire la page d'accueil de votre site…

Présentez-vous (nom, âge, formation/profession).

Votre motivation (pour être bénévole).

Vos expériences antérieures en tant que bénévole.

Dans l'attente de votre réponse, je vous prie de croire à l'expression de ma plus haute considération.

signature

> **Imaginez...**

10

Répondez à la question posée sur un forum de discussion.

Si vous deveniez ministre, quelles seraient vos premières décisions ? Quelles actions/lois proposeriez-vous ?

1. ministre de la Culture : ....

....

2. ministre de la Santé : ....

....

3. ministre des Transports : ....

....

4. ministre du Logement : ....

....

5. ministre de la Jeunesse et des Sports : ....

....

Du côté du LEXIQUE

> **Récit de voyage**

Récrivez le texte en utilisant les mots ou expressions ci-dessous à la place des éléments soulignés.
Faites les modifications nécessaires.

s'égarer – gravir – flâner – chemin de traverse – trace – périple – parcours

> *Lundi 20 juin, frontière tibétaine*
>
> *Notre* <u>*long voyage*</u> *se poursuit : nous sommes arrivés au Tibet il y a trois jours.*
>
> *Aujourd'hui, nous avons fait un* <u>*déplacement*</u> *de 20 km à dos d'âne. Il fallait* <u>*monter jusqu'au sommet*</u> *d'une montagne par de dangereux* <u>*sentiers*</u>*. À cette altitude, plus de* <u>*marques*</u> *humaines : nous étions seuls, absolument seuls ! À un moment,* <u>*nous nous sommes perdus*</u> *à cause du brouillard et nous avons dû accélérer le pas pour retrouver la bonne route : pas le temps de* <u>*se promener*</u> *le nez en l'air !*

....
....
....
....
....
....

Du côté de la GRAMMAIRE

> **Exprimer la cause**

Complétez ces témoignages d'aventuriers. Utilisez *comme* ou *car*.

1. J'ai pris une année sabbatique .... je voulais réaliser mon rêve de voyage mais, ...
je n'avais pas assez d'argent, j'ai fait appel à mes parents pour m'aider à financer l'opération.

2. .... j'ai toujours été attiré par le Grand Nord, c'est tout naturellement que j'ai choisi
cette destination et je ne le regrette pas .... j'ai vécu une aventure extraordinaire !

3. On va peut-être faire un film de mon aventure .... un producteur m'a contacté. ....
l'idée me plaît bien, je vais certainement accepter.

❸

a) Imaginez la cause. Utilisez *comme*.

*Exemple : **Comme je voudrais que tout soit parfaitement organisé,** je prépare notre périple depuis plus d'un an.*

1. ...., nous retournerons là-bas avec plaisir.

2. ...., nous attendrons au moins le mois d'avril pour partir.

3. ...., ils se sont déplacés en train et en voiture.

4. ...., on dort chez l'habitant.

5. ...., on n'a pas pu se rendre dans le Nord.

6. ...., nous sommes restés là-bas plus longtemps que prévu.

b) Reformulez les phrases précédentes : utilisez *car*.

*Exemple : Je prépare notre périple depuis plus d'un an **car** je voudrais que tout soit parfaitement organisé.*

1. ....

2. ....

3. ....

4. ....

5. ....

6. ....

❹

Reformulez avec *grâce à* ou *à cause de*.

1. Comme on avait une solide santé à l'époque, on a pu supporter des conditions extrêmes.

....

2. Parce que j'avais des soucis de santé et que je commençais à manquer d'argent, j'ai dû mettre fin à ce périple plus tôt que prévu.

....

3. On n'a pas beaucoup échangé avec la population locale car il y avait la barrière de la langue.

....

4. J'ai réussi à me payer ce voyage parce que j'avais fait des économies pendant cinq ans.

....

5. Beaucoup de gens sont au courant de notre aventure car on tenait régulièrement un journal de route sur Internet.

....

6. Comme j'avais emporté ma caméra, on a pu filmer des scènes extraordinaires tout au long de notre périple.

....

7. On a gravi la montagne très lentement parce qu'il y avait beaucoup de vent.

....

› Exprimer la conséquence

 ❺

Complétez avec *donc*, *alors* ou *c'est pourquoi*.

En chemin

1. Un jour, mon compagnon de route a été piqué par un serpent : on a .... dû se rendre d'urgence à l'hôpital.

2. À un moment, on a vu un groupe d'enfants qui jouaient dans l'eau, ... on s'est approchés d'eux pour les prendre en photo.

3. Un cycle de conférences est programmé par mon éditeur ; .... j'invite ceux qui apprécient mes récits à venir m'écouter.

4. À la saison des pluies, la route était devenue impraticable, il a .... fallu patienter sur place plusieurs jours.

5. Ce jour-là, c'était jour de carnaval et il y avait un grand défilé de personnes costumées dans les rues, ... on a fait comme tout le monde : nous aussi, on s'est déguisés !

6. Je fais partie de la catégorie des écrivains voyageurs. .... on m'a invité au Salon de l'aventure.

écrivain voyageur

› Exprimer la cause et la conséquence pour justifier ses choix

 ❻

Complétez avec les expressions suivantes.

c'est pour ça que – en effet – c'est pour cette raison que

1. Les récits de voyage ne datent pas d'aujourd'hui : ...., l'un des premiers a été écrit par Marco Polo en 1299.

2. Moi, je ne suis pas très aventurier, ... je n'ai pas voulu suivre mes copains dans ce périple !

3. À l'opposé des romans, les récits de voyage privilégient le réel ; .... j'affectionne tout particulièrement ce genre littéraire.

4. Parmi les écrivains voyageurs, il y a des femmes : .... quelques-unes ont traversé les frontières à partir du XIXᵉ siècle.

5. Moi, j'adore les récits qui nous parlent de contrées inconnues ! .... je suis un fan des récits de la Française Alexandra David Neel qui raconte ses voyages au Tibet.

Du côté de la **COMMUNICATION**

› **Donner son avis ; exprimer l'accord/le désaccord**

Donnez votre avis : dites si vous êtes d'accord ou pas et justifiez en quelques mots.

1. Le régime végétarien convient à tout le monde.

....

2. Les adolescents passent trop de temps sur Internet.

....

3. Les femmes sont esclaves de la mode.

....

4. La chanson est un art majeur.

....

5. On peut facilement vivre sans livres.

....

6. Les hommes politiques sont des menteurs.

....

7. Le français est une langue difficile.

....

8. La télévision est dangereuse pour les enfants.

....

9. Les femmes sont plus sensibles que les hommes.

....

10. Les médias sont objectifs.

....

11. L'amitié est préférable à l'amour.

....

12. Le cinéma est le divertissement le plus économique.

....

En situation

› Festival

a) Écoutez l'enregistrement et identifiez l'évènement dont on parle.

....

Relevez les informations qui manquent et écrivez-les sur l'affiche.

1. lieu de l'évènement

2. nom de l'évènement

3. type d'évènement

4. date de l'évènement

5. nom du site Internet

b) L'office de tourisme de la ville annonce l'évènement sur son site Internet. Sur une feuille séparée, imaginez le texte qui accompagne l'affiche. Précisez le public visé, le slogan et le programme du festival.

@ http://www.saint-malo-tourisme.com

CULTURE

› À l'aventure

9

a) Lisez cette 4ᵉ de couverture d'un livre d'aventures. Puis proposez un titre pour l'ouvrage.

....

« Ces livres entassés les uns sur les autres à côté de mon lit, je les lisais et les relisais depuis mes quatorze ans et je ne me lassais pas de rêver de ces voyageurs qui abandonnent tout ou presque pour visiter la planète. Mais on ne quitte pas ses parents à quatorze ans, ni à seize d'ailleurs. Le mariage et les enfants n'aident pas non plus à la réalisation de ce type de rêve : à vingt ans, je me suis retrouvée coincée par ma vie familiale et je m'obligeais à ne plus rêver que par les livres, documentaires et films d'aventures.
Pourtant ce soir, je sais que ce rêve va se concrétiser. Il manque quelques mises au point mais il faut que j'accomplisse ce voyage auquel j'aspire depuis toute jeune. »

Julie force l'admiration. Au début de cette histoire, elle est mariée avec un ouvrier agricole, elle élève deux filles qui approchent de l'adolescence, elle vit à la campagne avec un chien et deux chevaux, le ménage ne roule pas sur l'or… Bref, elle est dans la pire des configurations pour vivre l'aventure, réservée, comme chacun sait, aux jeunes, aux célibataires et autres aventuriers de notre société. Mais tranquillement, pas à pas, elle réussit ce tour de force de tout organiser, sa vie et celle de sa famille, pour accomplir son rêve d'adolescente : une boucle en solitaire de cinq mille kilomètres à travers la France, l'Italie, la Suisse et l'Autriche avec son cheval Perceval et son chien Miro.

b) Vous venez d'interviewer l'auteur. Sur une feuille séparée, complétez votre fiche d'interview.

> **Titre de l'ouvrage :** ....
>
> **Nom de l'auteur :** *Julie DESPEROUX*
>
> **Profil**   **Caractéristiques du voyage réalisé**
>
> – Situation de famille : ....   – Type de voyage : ....
>
> – Lieu de résidence : ....   – Moyen de transport : ....
>
> – Situation financière : ....   – Itinéraire : ....

› Récit de voyage

10

À la manière de l'auteur Julie Desperoux (activité 9), vous avez parcouru un pays (le vôtre, peut-être) en utilisant un moyen de transport classique ou original.
Sur une feuille séparée, rédigez le résumé de ce voyage pour témoigner dans un magazine de voyage.

Du côté du **LEXIQUE**

›Le monde du spectacle

Associez les éléments. (Plusieurs réponses sont possibles.)

1. triompher
2. se produire
3. jouer
4. présenter
5. se consacrer
6. (re)monter
7. faire

a. sur une scène
b. un one-man show
c. au cinéma
d. sur les planches
e. un spectacle
f. au théâtre
g. une pièce de théâtre

Complétez avec les mots qui conviennent. Faites les modifications nécessaires.

humoriste – triomphe – succès – sketch – sur les planches – comédie musicale – one-man show – se produit – comédien

On a tous en tête deux ou trois .... qui ont fait le ....

des .... de Thierry Marcial. Mais désormais, l'...................................

n'est plus seul .... : il .... chaque soir avec trente

autres .... et interprète avec eux une .... qui

.... actuellement au théâtre de l'Abreuvoir.

›Évoquer un changement de vie

Reformulez les éléments soulignés avec des expressions de la liste. Faites les modifications nécessaires.

s'enchaîner (les évènements) – prendre sa décision – prendre un nouveau départ – avoir la révélation (de...) – plaquer – l'évènement déclencheur– les premières amours

Ma vie a basculé le 15 janvier dernier. Ce soir-là, un reportage à la télévision sur la pêche en mer a été <u>à l'origine de ce changement</u>. Il y a vingt ans, j'avais quitté ma Bretagne natale, mais j'avais gardé au fond de moi l'amour de la mer et l'idée qu'un jour je monterais une société de pêche. Grâce à ce reportage, <u>j'ai compris d'un seul coup quel était</u> le sens de la vie : toujours écouter ses rêves et les réaliser. Il ne m'a fallu que quelques jours pour <u>me décider</u>. J'ai tout <u>quitté</u> : la banque, les comptes et les horaires fixes ! Je suis revenu à <u>ce que j'aimais vraiment</u> : pêcher en mer. Après, <u>tout s'est succédé</u> très vite : j'ai démissionné, j'ai recherché un financement et je l'ai obtenu ; j'ai déménagé à Quimper. La semaine dernière, <u>j'ai recommencé à zéro</u> : j'ai quitté le port à bord de mon bateau de pêche.

....

....

....

....

....

....

› Les marqueurs chronologiques

4

Remplacez les éléments entre parenthèses par les expressions suivantes.

la même année – l'année suivante – … ans plus tard/après – à l'âge de … ans

Vie de stars

1. Clément Joubert a d'abord tourné sous la direction du réalisateur américain Tom Patterson en 2009
et, ... *(en 2011)*, ils se sont retrouvés pour le tournage de *Un jour, une nuit.*

2. Monica Monti et Vincent Magisol se sont mariés en janvier 2005, ont divorcé ....
(en novembre 2010) et se sont remariés ....*(en 2011)* !

3. Julien Delambre a débuté au cinéma .... *(l'année de ses vingt ans)* et
il a remporté l'Oscar du meilleur acteur .... *(cette année-là aussi).*

4. Catherine Pernot a tourné dans un film .... *(quand elle avait trois ans)* !

5. Leïla Bakim était inconnue en France en 2008 mais, ... *(en 2012),*
elle est devenue l'actrice préférée des Français.

6. Maria Gomez a débuté comme mannequin en 2009 et, ... *(en 2010),*
elle était le top model le mieux payé de la planète.

Du côté de la GRAMMAIRE

› Indiquer une durée

5

Choisissez la préposition qui convient.

1. Théâtre : interruption du spectacle de Gaspard Lama .... *(en/pendant)*
deux jours à cause d'un problème de santé du jeune humoriste.

2. Succès pour Juliette Maubert : plus de 10 000 entrées .... *(en/pendant)* une semaine !

3. Concert de Justin Bimbeau : les fans ont attendu le chanteur .... *(en/pendant)*
plusieurs heures devant la salle de spectacle.

4. People : l'acteur américain John Trovolo déclare : « À présent, je gagne ....
(en/pendant) un jour ce que je gagnais avant .... *(en/pendant)* un mois. »

5. One-man show de Patrick Moreau : le jeune comédien a conquis le public ....
(en/pendant) quelques jours.

Complétez avec *en*, *pendant* ou *dans*.

1. Avant le spectacle, la maquilleuse s'occupe des comédiens .... une heure.

2. Les acteurs sont rapides : ils apprennent leur texte .... quelques jours.

3. Le spectacle va commencer .... quelques instants.

4. Un artiste peut devenir célèbre .... quelques semaines, ou jamais !

5. Les comédiens sont partis en tournée .... plusieurs mois.

6. La répétition générale du spectacle a lieu ce soir, ... une demi-heure.

❯ Indiquer un moment

Complétez avec le pronom relatif *que* ou *où*.

1. Je te raconterai le week-end .... nous avons passé chez Paul : c'était génial !

2. Pourrais-je te voir la semaine .... je serai à Paris ?

3. Il avait une vie confortable jusqu'au jour .... il a perdu son emploi.

4. Il a été félicité pour tout le temps .... il a passé à s'occuper des personnes âgées.

5. Je n'aime pas évoquer les années .... je faisais de petits jobs pour survivre.

6. Savez-vous le temps .... il m'a fallu pour devenir célèbre ?

Complétez avec *désormais*, *au moment où* ou *jusqu'au moment où*.

1. Je l'ai aperçu .... il descendait de l'avion.

2. Ma vie n'est plus la même depuis que j'ai quitté la France : ...., ma place est ici.

3. On est restés dans la salle .... les comédiens ont quitté la scène.

4. On s'est rencontrés .... tout allait mal pour moi.

5. Les places de théâtre ont augmenté : elles coûtent .... 25 euros.

6. Nous sommes restés à Cannes .... on a annoncé le palmarès.

❯ Indiquer la chronologie de deux actions

Complétez les titres de presse.

*Exemples : Le voleur a avoué après **avoir été arrêté**.*
  *Les footballeurs ont salué la foule avant de **retourner dans les vestiaires**.*

1. *Politique*. Le président est rentré ce matin en France après ....

2. *Social*. Les ouvriers ont voté la reprise du travail après ....

3. *Sport*. L'équipe de France a pris des vacances bien méritées après ....

   Les joueurs ont écouté l'hymne national avant de ....

   Les cyclistes arriveront à Nice vers 16 heures, après ....

4. *Vie quotidienne*. Vérifiez l'état de vos pneus avant de ....

Comparez les prix avant de ....

5. *Faits divers*. Un homme a été admis à l'hôpital, après ....

La voiture a réussi à éviter deux piétons avant de ....

6. *Spectacles*. L'actrice a donné une conférence de presse après ....

L'acteur Charles Reps a exercé différents métiers avant de ....

Du côté de la COMMUNICATION

› Comprendre une biographie

Lisez la biographie de Louise Bourgoin puis cochez les informations de la liste qui ne correspondent pas à la chronologie. Corrigez en donnant les informations correctes.

Louise BOURGOIN

1981	Naissance le 28 novembre à Vannes, dans le Morbihan.
2004	Diplôme de l'École des beaux-arts.
2005	Échec au concours national pour devenir professeur de dessin.
2006	Anime l'émission *Kawai* sur la chaîne FillesTV puis rejoint l'équipe de Canal +.
2006-2008	Présente la météo sur Canal +.
2009	Obtient un premier rôle au cinéma avec *La Fille de Monaco*.
2010	Se consacre au cinéma : tourne successivement dans *Les Aventures extraordinaires d'Adèle Blanc-Sec* de Luc Besson puis dans *L'Autre Monde* avec Melvil Poupaud.
2011	Interprète à l'écran le rôle d'une jeune femme qui attend un enfant dans *Un heureux évènement*.
2012	Joue le premier rôle dans *L'amour dure trois ans*.

❏ **1.** Après avoir obtenu son diplôme de l'École des beaux-arts, elle a voulu commencer une carrière dans l'enseignement.

❏ **2.** Après avoir fait une carrière au cinéma, elle a travaillé dans les médias.

❏ **3.** Elle a animé une émission sur FillesTV et, l'année suivante, a rejoint l'équipe de Canal +.

❏ **4.** Elle a commenté les prévisions météo pendant trois ans.

❏ **5.** Après avoir tourné dans *L'amour dure trois ans*, elle a interprété le personnage principal d'*Un heureux évènement*.

En situation

› Reconversions

11

Lisez le texte puis cochez les bonnes réponses.

Se reconvertir, une nécessité pour survivre

C'est en arrivant à la quarantaine qu'Antoine, jeune professeur des écoles exerçant depuis dix-sept ans, a décidé de mettre fin à sa carrière d'enseignant.

Il avait pourtant choisi ce métier depuis son plus jeune âge et c'est plein d'espoir et de plaisir qu'il a débuté dans l'enseignement en 1991.

5 Très vite, il s'est aperçu que la réalité ne correspondait pas à l'idée qu'il se faisait de la profession d'instituteur et a fini par détester la façon dont il devait exercer son métier. Il a alors pris conscience qu'il ne pouvait pas continuer dans cette voie.

Mais l'une des difficultés pour un enseignant qui souhaite se reconvertir est précisément la spécificité de son métier : un professeur des écoles doit tout connaître,
10 y compris les nouvelles technologies. Dans la réalité, il connaît beaucoup de choses mais pas assez en profondeur pour les utiliser ailleurs que dans l'enseignement. À moins d'avoir une autre passion dans la vie qui ne soit pas forcément liée à son métier, il lui est difficile de se reconvertir sans formation. Par chance, Antoine avait deux passions : la cuisine et l'Italie. Il a décidé d'en vivre en ouvrant un restaurant.

15 Antoine a pu bénéficier d'une année sabbatique. Il a changé de région pour acquérir l'expérience professionnelle nécessaire à la construction de son projet en travaillant sur le terrain. Il est parvenu, à force de volonté, à décrocher un emploi à temps plein dans un restaurant semi-gastronomique dans une région touristique. Il ne disposait pas de diplôme et n'avait pas d'expérience dans le domaine de la
20 restauration mais ses employeurs ont su lui faire confiance.

Après un an de travail, il s'est senti prêt à se lancer dans sa propre aventure et il a cherché un local pour concrétiser son projet. Les banques se sont montrées pour la plupart intéressées par ce projet et impressionnées par la détermination de ce jeune homme courageux, mais pas disposées à l'accompagner financièrement. Loin
25 de se décourager, il a continué ses recherches et a fini par trouver un établissement financier qui acceptait de le suivre dans l'aventure.

Ne restait plus que le dernier pas à franchir, le plus décisif et si riche en symboles : démissionner de l'Éducation nationale. Il l'a fait le jour où il a accueilli son premier client !

30 Et aujourd'hui, le deuxième rêve d'Antoine est devenu réalité : il a ouvert son restaurant il y a quelques semaines et le succès est déjà au rendez-vous.

Si vous lui demandez s'il regrette son ancienne vie, ses vacances, son salaire, il vous suffit de voir la lueur de bonheur au fond de ses yeux pour comprendre que, pour lui, c'est du passé.

1. Antoine a exercé son premier métier :
❏ **a.** à partir de 17 ans.
❏ **b.** à partir de 40 ans.
❏ **c.** pendant 17 ans.

2. Sa reconversion professionnelle a été facilitée :
❏ **a.** parce que c'était un passionné de gastronomie.
❏ **b.** parce qu'il avait de bonnes connaissances dans tous les domaines.
❏ **c.** parce qu'il maîtrisait les nouvelles technologies.

3. Pour devenir lui-même restaurateur :
❏ **a.** il a passé un examen pour pouvoir travailler dans la restauration.
❏ **b.** il a travaillé dans un restaurant sans avoir de diplôme.
❏ **c.** il a travaillé dans un restaurant pour obtenir un diplôme.

4. Pour financer son projet :
❏ **a.** il a trouvé facilement une banque.
❏ **b.** il a trouvé difficilement une banque.
❏ **c.** il n'a pas été aidé par une banque.

5. Il a démissionné de l'Éducation nationale :
❏ **a.** après avoir ouvert son restaurant.
❏ **b.** avant d'ouvrir son restaurant.
❏ **c.** à l'ouverture de son restaurant.

6. Depuis qu'il a ouvert son restaurant :
❏ **a.** son affaire marche bien et il ne regrette pas son salaire de professeur.
❏ **b.** son affaire ne marche pas encore bien mais il ne regrette pas son salaire de professeur.
❏ **c.** son affaire marche bien mais il regrette son salaire de professeur.

12 🎧 💿20

a) Écoutez l'enregistrement et cochez les bonnes réponses.

❏ **1.** Il s'agit d'une conversation entre deux amies qui ne se sont pas vues depuis longtemps.
❏ **2.** Avant, elles travaillaient toutes les deux dans le même secteur professionnel.
❏ **3.** Caroline et Sophie ont changé toutes les deux de métier.

b) Le journaliste qui a écrit l'article précédent (activité 11) a retenu aussi le témoignage de Caroline. Complétez cette fiche.

• Nom : Caroline LESEIGNER

• Situation de famille : ....

• Diplômes/Formations :

   2003 : Master en communication

   2008 : réussite au ....

   A suivi une formation de .... ans à l'école ....

• A quitté le poste de directrice de la communication chez MOCAT en ....

   Exerce actuellement la profession d' .... à ....

13

Une personne témoigne de sa reconversion dans un magazine. Écrivez son témoignage.

Choisissez la personne : un(e) ex-dentiste, pharmacien(ne), esthéticienne ou cadre bancaire.
– Nom, âge.
– Il/Elle évoque sa situation initiale.
– Il/Elle explique pourquoi il/elle a changé de vie (horaires, obligation de résultats, clientèle difficile...).
– Il/Elle évoque les résultats positifs de ce changement.

Du côté du LEXIQUE

› Professions et fonctions

Barrez l'intrus dans chaque liste.

1. Professions exercées principalement par des hommes en France :

   pompiers – bouchers – infirmiers – conducteurs de véhicules – policiers – conducteurs d'engins BTP

2. Professions exercées principalement par des femmes en France :

   employées de maison – boulangères – aides-soignantes – esthéticiennes – dirigeantes d'entreprise – secrétaires

› Exprimer des sentiments et des réactions

**Complétez la grille à l'aide des définitions suivantes.
(Les adjectifs sont au féminin.)**

Horizontalement

1. Elle a perdu son optimisme.
2. Ça va mieux ! Elle est…
3. Elle n'a plus de motivation.
4. Heureuse.

Verticalement

a. Elle est sans courage.
b. Elle est satisfaite d'avoir réussi ce qu'elle a fait.
c. Elle a envie de pleurer.

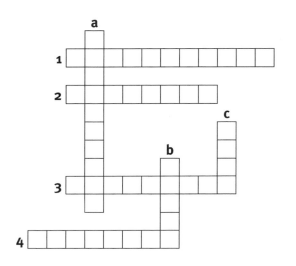

Du côté de la GRAMMAIRE

› Le discours rapporté au passé

Rapportez les paroles soulignées au passé.

Pendant les vacances nous avons dû nous rendre dans un garage pour faire réparer la voiture. Le jour où nous sommes venus la récupérer, nous avons constaté que le mécanicien était en fait une mécanicienne. Un peu surpris, nous lui avons demandé : « Pourquoi avez-vous choisi ce métier, généralement exercé par des hommes ? » Amusée, elle nous a répondu : « Je suis née pour ainsi dire dans un garage : la mécanique automobile, c'est une histoire de famille ! » Puis elle nous a expliqué : « Mon grand-père a créé ce garage ; mon père a repris l'affaire et, toute petite déjà, je l'aidais à l'atelier de réparation. » Bertrand lui a demandé : « Est-ce que ce n'est pas un métier trop pénible ? » Elle a répondu : « J'ai une santé solide et j'adore la mécanique ! » Au moment de partir, elle nous a tendu les clés de la voiture et a dit en riant : « Vous n'aurez plus de problèmes, je me suis occupée d'elle comme de mon enfant ! »

Nous avons demandé à la jeune femme ....
....

Elle nous a répondu ....
....

Puis elle nous a expliqué ....
....

Bertrand lui a demandé ....
....

Elle a répondu ....
....

Elle a dit en riant ....
....

4

Rapportez les questions du journaliste et les réponses de trois concurrentes d'un marathon.

– *Patricia, quelles sont vos premières impressions après cette superbe course ?*
– Je suis très très fière d'avoir remporté ce marathon !
– *Qu'est-ce que vous allez faire pour fêter votre victoire ?*
– On ira dans une boîte avec tous mes amis et on dansera toute la nuit ! Mais avant, je vais dormir une heure ou deux !

• • •

– *Yasmina, vous êtes satisfaite de votre place de quatrième ?*
– Oui, je suis assez contente. Je ne pensais pas terminer la course aussi bien placée.
– *Ça a été dur pour vous ?*
– Oui, très. À mi-course, j'ai bien failli m'arrêter !

• • •

– *Comment avez-vous vécu cette course, Marie-Jo ?*
– Au bout de 4 ou 5 kilomètres, j'ai commencé à avoir très mal au pied gauche mais je n'ai pas voulu abandonner, j'ai surmonté la douleur et j'ai été jusqu'au bout.
– *Vous pourrez courir le marathon de New York, dans deux mois ?*
– Je vais me reposer une semaine, puis je reprendrai l'entraînement, je suis bien décidée à gagner la prochaine course !

Après la course, le journaliste a interviewé Patricia, il lui a demandé ....
....
....

Puis il a demandé à Yasmina ....
....
....

Enfin, il s'est adressé à Marie-Jo et il lui a demandé ....
....
....

Du côté de la **COMMUNICATION**

>Les métiers à risque

Reconstituez le témoignage suivant :
mettez les paragraphes dans l'ordre.

Témoignage de Gilles S,
cascadeur au cinéma

.... **a.** J'ai dû être convaincant car j'ai été sélectionné. Le lendemain, jour du tournage, on nous a expliqué
ce qu'il fallait faire : sauter d'un mur de 4 mètres. J'étais soulagé : je pensais que ça allait être
plus difficile !

.... **b.** Je me suis donc présenté et on m'a demandé si j'avais déjà une expérience de cascadeur,
j'ai répondu que je n'avais jamais tourné mais que je pratiquais depuis des années des sports
comme l'escalade, le saut à l'élastique et la plongée sous-marine.

.... **c.** Les hasards de la vie ont fait que ce rêve s'est réalisé à l'âge de 21 ans. J'avais répondu à une petite
annonce d'une production de films qui recherchait de jeunes sportifs pour tourner une scène
un peu dangereuse.

.... **d.** C'est comme ça que je suis devenu cascadeur professionnel. Bien sûr, j'ai connu des moments difficiles.
Un jour, j'ai même failli mourir ! Plusieurs fois aussi, je me suis demandé si j'arriverais
à faire la cascade ; mais j'ai toujours su surmonter mes doutes et mes peurs, et je n'ai jamais
eu envie de faire autre chose !

.... **e.** Enfant déjà, je recherchais les sensations fortes, j'étais fasciné par les sports de l'extrême
et je me disais que ce serait formidable plus tard de faire un métier en rapport avec le sport.

>Exprimer des sentiments et des réactions

Trouvez d'autres formulations.

1. Je n'ai plus d'espoir !

....

2. J'ai gagné contre ma peur.

....

3. Je pensais que je ne pourrais pas le faire.

....

4. Ouf ! Ça va mieux maintenant !

....

5. Je me félicite moi-même !

....

6. C'est vraiment super !

....

En situation

› Exploit au féminin

 7

Lisez l'article de presse.

Victoire des footballeuses françaises

Elles remportent la Coupe d'Europe en battant l'Angleterre par deux buts à un.

Beau spectacle samedi soir au stade Charléty à Paris. Il n'a fallu que quelques minutes à la France pour ouvrir le score grâce à un magnifique but de la jeune Nadia Djombe.

À la mi-temps, le score était toujours de 1 à 0 en faveur des Françaises et le moral de l'équipe était au plus haut.

Au cours de la deuxième mi-temps, celles-ci ont renouvelé leur exploit en marquant un magistral deuxième but. Ce n'est qu'à une minute de la fin du match

que les joueuses anglaises ont réussi à marquer leur seul but de la partie. Et quelques secondes plus tard, c'est avec soulagement que l'équipe de France a entendu le coup de sifflet final de l'arbitre.

a) Associez mots et définitions.

1. le score	**a.** les 45 premières minutes du jeu
2. marquer un but	**b.** le résultat
3. ouvrir le score	**c.** celui qui contrôle le bon déroulement du jeu
4. la mi-temps	**d.** marquer le premier point de la partie
5. la première mi-temps	**e.** la pause d'un quart d'heure entre les deux parties du match
6. la deuxième mi-temps	**f.** mettre le ballon dans la cage de l'équipe adverse
7. l'arbitre	**g.** la deuxième partie du jeu d'une durée de 45 minutes

b) Plusieurs erreurs se sont glissées dans cet article. Relisez-le, écoutez l'enregistrement et repérez les erreurs. 🎧 21

....
....
....
....
....
....

c) Sur une feuille séparée, récrivez l'article avec les informations correctes.

Du côté du **LEXIQUE**

›**Bilan positif ou négatif**

Classez les réactions suivantes selon qu'elles expriment un état d'esprit positif ou négatif.

1. C'est dommage !
2. C'était un heureux hasard !
3. Je n'ai aucun regret !
4. La chance était au rendez-vous !

5. Comme je regrette !
6. La chance de ma vie !
7. Coïncidence regrettable !
8. Ah ! Comme j'aurais aimé !

État d'esprit positif	....
État d'esprit négatif	....

Du côté de la **GRAMMAIRE**

›**Situer un évènement dans un récit au passé**

Reformulez en utilisant *venir de* ou *aller*, comme dans l'exemple.

Exemple : Quand je suis né(e), ma mère <u>avait fêté ses vingt ans juste avant</u> et mon père <u>n'avait pas tout à fait trente ans</u>.
> → *Quand je suis né(e), ma mère **venait d'avoir** vingt ans et mon père **allait avoir** trente ans.*

1. Quand le téléphone a sonné, <u>j'étais prête à m'endormir</u>.
   ....

2. Quand il a rencontré Delphine, <u>il avait quitté sa première femme une semaine avant</u>.
   ....

3. Tout le monde s'est tu parce que le président <u>était sur le point de prendre la parole</u>.
   ....

4. Nous étions très contents parce que <u>le jour même on nous avait accordé une augmentation</u>.
   ....

5. Tu m'as appelé(e) trop tard : <u>j'étais déjà sorti(e)</u>.
   ....

6. Elle s'est installée à Toulouse parce qu'<u>elle avait trouvé un emploi depuis peu de temps là-bas</u>.
   ....

›Imaginer un passé différent

Transformez, comme dans l'exemple.

Tourisme : Les touristes ne sont pas descendus dans le Sud parce qu'il n'a pas fait beau ce week-end.
　　→ *S'il avait fait beau ce week-end, les touristes seraient descendus dans le Sud.*

Faits divers

1. L'automobiliste a heurté un camion parce qu'il n'a pas vu le stop.

　　Si ....

2. Les malfaiteurs ont tranquillement vidé les coffres de la banque parce que l'alarme n'a pas fonctionné.

　　Si ....

État des routes

3. La circulation a été très perturbée ce week-end parce qu'il a beaucoup neigé.

　　Si ....

Sports

4. L'équipe de France a perdu parce que son gardien de but a mal joué.

　　Si ....

5. Fabrice Maronot n'a pas pu jouer en finale parce qu'il s'est blessé à la cheville.

　　Si ....

Cinéma

6. L'actrice déclare : « J'ai refusé de tourner dans ce film parce que le scénario ne m'a pas plu. »

　　Si ....

4

Complétez les phrases en imaginant la condition, comme dans l'exemple.

*Exemple : Je t'aurais acheté un gâteau si **tu n'en avais pas déjà mangé un**.*

Une mère à son enfant

1. Tu pourrais regarder la télévision maintenant, si ....

Un directeur à un candidat

2. Je vous aurais embauché si ....

Un directeur à son employé

3. Nous aurions pu signer le contrat si ....

Un homme à son ex-femme

4. Je serais le plus heureux des hommes si ....

5. Je ne t'aurais pas quittée si ....

Un réalisateur à un acteur

6. On ne devrait pas recommencer encore la scène si ....

Un professeur à ses étudiants

7. Je ne vous aurais pas donné de travail supplémentaire si ....

8. Vous auriez eu des notes correctes si ....

❭ Exprimer un regret

Transformez les souhaits en regrets. Utilisez le conditionnel passé.

1. J'aimerais être bénévole dans une association caritative. Je viendrais en aide aux populations dans le besoin. Par exemple, j'apprendrais à lire aux petits enfants ou bien j'aiderais les adultes à construire des puits pour avoir de l'eau.

   ....
   ....
   ....

2. J'aimerais voyager à l'autre bout du monde : je connaîtrais d'autres paysages et d'autres cultures ; je voudrais apprendre plusieurs langues. Je m'imagine pilote de ligne, j'aurais une vie passionnante !

   ....
   ....
   ....

3. J'aimerais bien être chanteuse plus tard. Je me vois très bien poursuivie par un groupe de fans, je signerais des autographes pendant des heures et j'aurais ma photo dans tous les magazines !

   ....
   ....
   ....

Du côté de la **COMMUNICATION**

❭ Imaginer un passé différent

6

Faites parler les personnes évoquées dans la presse. Elles imaginent leur situation sans l'intervention de la chance.

1. ELLE REMPORTE LE PREMIER PRIX D'UN CONCOURS DE BEAUTÉ

   « Je ne voulais pas y aller, ce sont mes amis qui m'y ont obligée ! »

   ....

2. *Au restaurant, il trouve une perle dans une huître*

   « Il n'y avait plus de foie gras, alors j'ai commandé des huîtres à la place ! »

   ....

3. **Il gagne 10 millions d'euros au Loto**

   « D'habitude, je joue notre date d'anniversaire de mariage mais, cette fois-ci, j'ai voulu changer pour voir... »

   ....

4. **SAUVÉ DE LA NOYADE* PAR SON CHIEN**

   « Moi qui ne voulais pas l'adopter le jour où je l'ai trouvé ! Maintenant, je ne me séparerai jamais de lui. »

   ....

   * **Noyade** : action de mourir en avalant une grande quantité d'eau. Verbe : *se noyer.*

❭ Exprimer un regret

Ces personnes n'ont pas reçu le cadeau qu'elles espéraient pour Noël. Formulez leurs regrets.

1.

2.

3.

4.

1. ....
2. ....
3. ....
4. ....

En situation

❭ Bilan de carrière

  22

Écoutez l'enregistrement et cochez les bonnes réponses.

☐ **1.** L'acteur Jean Dupré est interviewé dans le cadre d'une émission de radio.

☐ **2.** Avant d'être acteur, Jean Dupré a été producteur.

☐ **3.** Il a acheté une bague à sa femme dans une grande bijouterie.

☐ **4.** Il est satisfait d'avoir tourné sous la direction du réalisateur Malcom Becket.

☐ **5.** Il fait don d'une partie de sa fortune personnelle aux plus pauvres.

☐ **6.** Il regrette d'avoir joué dans certains films.

☐ **7.** Il n'a pas toujours eu une vie heureuse.

› Regrets

Lisez cette annonce du site du magazine *PsychoMag*. Puis, sur une feuille séparée,
écrivez votre témoignage.
Vous évoquerez par exemple les études, la vie professionnelle, le lieu de vie.

@ http://www.psychomag.com

APPEL à témoignage

Les petits regrets

Qui ne garde dans un coin de la tête quelques petits regrets : des occasions ratées,
des mots trop vite ou jamais prononcés, ou bien encore quelques rêves fantaisistes ?

Faites-nous part d'un ou de plusieurs de ces regrets.

Dans un prochain numéro de *PsychoMag*, des psychologues vous donneront quelques clés
pour comprendre le sens de ces petites nostalgies.

Du côté du **LEXIQUE**

› Parler de l'environnement et de l'écologie

 1

**Faites correspondre les constats de l'université verte de Toulouse avec les titres du sommaire de *BIOmag*
(deux titres par constat).**

Nous constatons que :

1. le climat est bouleversé

2. les ressources naturelles s'épuisent

3. la pollution ne cesse d'augmenter

4. la biodiversité est attaquée

BIOMAG Magazine d'écologie

Sommaire

a.	L'asphyxie automobile	p. 6
b.	Contaminations chimiques	p. 9
c.	Espèces en voie de disparition	p. 11
d.	Le CO_2 responsable du réchauffement de la terre	p. 15
e.	Protéger les écosystèmes	p. 26
f.	Comment se protéger de la canicule	p. 28
g.	La déforestation dans le monde	p. 31
h.	Les énergies renouvelables	p. 40

 2

Complétez avec les mots suivants. Faites les modifications nécessaires.

environnement – biodiversité – énergie – espèce – tri sélectif – économiser – préserver – diminuer –
disparaître – augmenter – développer – menacer

À cause des pratiques irresponsables de l'homme :

- Des .... animales et végétales sont en train de/d' ....

- La pollution continue de/d' .... de jour en jour et ....
des populations entières.

Dites :

OUI au maintien de la .... afin de/d'......................... les milieux naturels.

OUI à l'usage de le/la/l'............................. solaire qui, contrairement au pétrole,

ne .... pas.

OUI à une consommation contrôlée de l'eau qu'il est urgent de/d' ....

OUI au .... des déchets qu'il convient de/d'......................... dans nos villes.

Ensemble agissons pour la qualité de notre .... !

Comité *Protégeons Notre Terre*

Du côté de la GRAMMAIRE

› Indiquer la nécessité d'agir

3

a) Transformez, comme dans l'exemple. Utilisez les expressions suivantes.

il faut – il est essentiel/important/primordial/nécessaire/indispensable que + subjonctif

Exemple : Vous ne triez pas vos déchets. → *Il est important que vous triiez toujours vos déchets.*

1. Ma fille ne prend jamais de douches mais uniquement des bains.

....

2. Mon mari ne fait jamais de petits déplacements à pied.

....

3. Mon ami choisit l'avion plutôt que le train.

....

4. Tu éteins rarement la lumière en sortant de chez toi.

....

5. Vous conduisez toujours très vite.

....

b) Transformez les phrases précédentes, comme dans l'exemple. Utilisez les expressions suivantes.

il est essentiel/urgent/important/primordial/nécessaire/indispensable de + infinitif

Exemple : Il est important de toujours trier ses déchets.

1. ....

2. ....

3. ....

4. ....

5. ....

› Prendre position/Exprimer une opinion

Mettez les verbes entre parenthèses à l'indicatif ou au subjonctif.

Après une simulation d'entretien d'embauche

LE STAGIAIRE : Je suis timide et ça m'étonnerait que je .... *(pouvoir)* être à l'aise un jour !

L'ANIMATEUR : Je trouve que vous .... *(être)* très pessimiste ! Moi, je suis sûr

qu'avec de l'entraînement ça .... *(aller)* bien.

LE STAGIAIRE : Vous croyez ?

L'ANIMATEUR : Oui, parfaitement ! Je ne veux pas que vous .... *(baisser)* les bras. Courage !

Je propose que vous .... *(revenir)* demain pour une autre simulation.

Du côté de la **COMMUNICATION**

› Indiquer la nécessité d'agir

Adressez-vous aux propriétaires : indiquez la nécessité d'agir pour se protéger des cambriolages.

1.

2.

3.

4.

1. ....

2. ....

3. ....

4. ....

› Prendre position

Réagissez aux propos entendus à l'occasion du colloque « Quel avenir pour notre planète ? ». Exprimez votre point de vue : une opinion, une volonté, une certitude ou un doute.

1. Les gens ne voudront jamais changer leurs habitudes de vie, ils sont trop attachés à leur confort !

....

2. Prendre l'avion ne sera bientôt plus un problème puisqu'on va construire des appareils qui fonctionnent grâce à l'énergie solaire.

....

3. Pourquoi investir tant d'argent pour la protection des espèces animales en voie de disparition alors qu'il y a des millions de gens qui meurent de faim dans le monde ?

....

4. Quand on n'aura plus de pétrole, on passera au tout nucléaire, c'est simple !

....

5. On ne peut rien faire pour stopper le réchauffement climatique. Il faudra s'y habituer !

....

En situation

› Écoresponsables

Écoutez l'enregistrement et cochez les bonnes réponses.

1. Quel est le thème de l'échange ?
- ❑ **a.** La courte vie des jouets.
- ❑ **b.** La récupération des jouets.
- ❑ **c.** L'utilité des jouets.

2. Les propos de la journaliste sont destinés principalement :
- ❑ **a.** aux parents.
- ❑ **b.** aux enfants.
- ❑ **c.** aux vendeurs de jouets.

3. On peut donner des jouets usagés :
- ❑ **a.** à des hôpitaux pour enfants.
- ❑ **b.** à des organisations caritatives.
- ❑ **c.** à des magasins de jouets.

4. Pour les parents, avoir une attitude écoresponsable, c'est :
- ❑ **a.** n'acheter que des jouets usagés pour ses enfants.
- ❑ **b.** donner les jouets usagés quand les enfants ont grandi.
- ❑ **c.** conserver les jouets de ses enfants.

5. Les parents écoresponsables sont sensibles :
- ❑ **a.** à la beauté des jouets.
- ❑ **b.** au prix des jouets.
- ❑ **c.** à la qualité des jouets.

Vous êtes parent d'élève et envoyez un message aux autres parents de l'école pour les sensibiliser au problème de la surconsommation et du gaspillage des jouets. Sur une feuille séparée, vous indiquez les actions à suivre et incitez les parents à avoir un comportement écoresponsable.

Aux parents de l'école maternelle de la rue Chomet

Je me présente : je m'appelle...

et je suis comme vous parent d'un élève de la maternelle.

Je suis aussi membre d'une association écologique

et c'est pour cette raison que je vous écris

aujourd'hui...

Du côté du **LEXIQUE**

› À propos du livre et de la lecture

❶

Faites correspondre personnes et actions.

1. Un bibliothécaire	**a.** s'occupe de la publication d'un livre.
2. Un auteur/écrivain	**b.** lit un livre.
3. Un libraire	**c.** écrit un livre.
4. Un éditeur	**d.** s'occupe des livres qu'on peut emprunter ou lire sur place.
5. Un lecteur	**e.** vend des livres.

❷

Complétez l'annonce avec les mots suivants. Faites les modifications nécessaires.

lecture – auteur – littérature – programme – livre – débat – manifestation

> ### LE .... EST À L'HONNEUR
>
> Spécialement destiné à ceux qui sont passionnés de .... ,
> le Salon du livre est une .... culturelle qui a lieu chaque
> année. À cette occasion, du vendredi au lundi, vous pouvez rencontrer et
> échanger avec des .... ou écouter des ....
> publiques d'ouvrages variés. De plus chaque jour, des ....
> sont organisés autour d'un thème ou d'un écrivain. Pour plus d'informations
> sur le .... du Salon du livre de cette année, consultez le site.
>
> www.salondulivreparis.com

❸

Choisissez le mot qui convient.

> Monsieur,
>
> Nous vous demandons de .... *(prêter – rendre – emprunter)* au plus vite le livre
> que vous avez .... *(vendu – prêté – emprunté)* le 15 mars dernier.
>
> Nous vous rappelons que la bibliothèque .... *(prête – rend – emprunte)* les livres
> pour une durée maximale de trois semaines.

Du côté de la GRAMMAIRE

› Indiquer un point de départ

4

Complétez avec *dès*, *depuis* ou *à partir de*.

1. *Dans quelle étagère* est un concept d'émission littéraire simple et efficace présentée par Monique
   Atlan .... 2008. Le thème : Un auteur, un livre, pourquoi doit-on le lire ?
   L'émission a attiré un grand nombre de téléspectateurs .... les premières diffusions.
   Une vidéo de chaque émission est disponible sur Replay .... le lendemain
   de sa diffusion .... 9 heures.

2. La Fête des voisins a vu le jour à Paris en 1999. .... l'année qui a suivi sa création,
   l'évènement a été programmé au niveau national, il est devenu européen 2003,
   avec le lancement de la Fête des voisins en Belgique. .... plusieurs années, le European
   Neighbours'Day est fêté au printemps dans toute l'Europe.

› *Depuis que, dès que, jusqu'à ce que* pour exprimer des rapports temporels

5

a) Complétez avec *depuis que, dès que* ou *jusqu'à ce que*.

Réaliser ses rêves

.... il a été majeur, mon fils a voulu s'engager comme bénévole dans une ONG mais,
comme il fallait avoir une formation spécifique, il est resté en France .... il obtienne
son diplôme de secouriste. Il a enfin réalisé son rêve .... il travaille à la Croix-Rouge.

b) Associez les éléments des trois colonnes pour former des phrases.

J'emprunte un livre par semaine		il fasse nuit.
En été, je lis dans le jardin	dès que	ma commande sera prête.
J'ai eu envie de lire ce livre	jusqu'à ce que	la bibliothèque a créé un espace jeunesse.
Je passerai à la librairie	depuis que	j'ai changé de travail.
Je n'ai plus le temps de lire		j'ai vu son adaptation au cinéma.

6

Choisissez la formule qui convient.

Paroles de sportif

1. Je m'entraîne à l'extérieur .... *(dès que – jusqu'à ce que)* la température le permet.

2. Avant, je perdais mes moyens .... *(depuis que – dès que)* je commençais à douter de moi.

3. J'ai de bons résultats .... *(dès que – depuis que)* j'ai un nouvel entraîneur.

4. Je continuerai la compétition .... *(jusqu'à ce que – dès que)* j'obtienne une médaille.

5. Je fais partie de ce club .... *(jusqu'à ce que – depuis que)* j'habite dans la région.

6. On est restés dans les vestiaires .... *(depuis que – jusqu'à ce que)* le match reprenne.

> Les doubles pronoms

7

Complétez avec les pronoms qui conviennent.

sarah	Claire, c'est toi qui as le dernier roman de Modiano qui m'appartient. Pour mémoire : je .... ai prêté il y a deux mois et j'aimerais bien savoir quand tu vas .... rendre !
claire	Pas de panique Sarah ! Tu as oublié qu'il y a trois semaines, Luc voulait .... emprunter aussi et que je .... ai passé AVEC TON AUTORISATION. C'est donc Luc qui doit .... rendre, et pas moi !
sarah	OK, mille excuses, je me souviens maintenant, mais je n'ai pas les coordonnées de Luc. Peux-tu .... transmettre, STP ? Merci !

8

Reformulez en utilisant l'impératif et des doubles pronoms.

Exemple : Je n'ai pas l'adresse mail de ton frère. Tu peux l'écrire sur un bout de papier pour moi ?
*→ **Écris-la-moi** sur un bout de papier.*

1. Tu es amoureux d'une charmante jeune fille ? Il faut nous présenter cette personne tout de suite !

....

2. Margot et moi, on n'a pas le temps de regarder *Le Magazine littéraire* sur Arte ce soir ; est-ce que tu peux enregistrer ce programme pour nous, s'il te plaît ?

....

3. Sébastien a besoin du dictionnaire : il faut que tu passes ce livre tout de suite à ton frère !

....

4. Ils ne connaissent pas l'itinéraire : tu peux leur expliquer ça ?

....

Du côté de la **COMMUNICATION**

> ### ›Parler d'un évènement, de son historique : les cafés philo

Voici un extrait d'une émission radio. Reconstituez l'ordre chronologique des échanges.

.... **a.** M. REGNAULT : L'idée de base est de réunir pendant deux heures, dans un lieu convivial comme le café, tous ceux qui veulent réfléchir très simplement aux grandes questions de l'existence, en acceptant toutes les opinions, religieuses ou athées, de droite ou de gauche, etc., dans l'écoute mutuelle et la recherche commune de vérité.

.... **b.** LE JOURNALISTE : J'ai une dernière question, plus exactement deux questions : les cafés philo existent depuis combien de temps, et où les trouver ?

.... **c.** LE JOURNALISTE : Nous allons évoquer aujourd'hui une forme d'évènement ponctuel que sont les réunions des cafés philo. Je reçois, pour la circonstance, l'organisateur et l'animateur d'un café philo du 1er arrondissement de Lyon. Monsieur Regnault, bonjour. Dites-nous : pourquoi ce succès des cafés philo, selon vous ?

.... **d.** LE JOURNALISTE : Merci pour vos explications et rendez-vous dans les cafés philo !

.... **e.** M. REGNAULT : Voici comment ça se passe : après une introduction sur le sujet du jour, un animateur-philosophe distribue la parole, contrôle la clarté de l'argumentation et fait une synthèse des propos tenus. Un compte rendu de la discussion est distribué à la séance suivante. Tout cela est gratuit, vous ne payez que votre consommation dans le café.

.... **f.** LE JOURNALISTE : Alors, pour tous ceux qui ne connaissent pas, vous pouvez expliquer en quelques mots le principe de ces cafés philo ?

.... **g.** M. REGNAULT : Tout d'abord, bonjour à vous. Et pour répondre à votre question : je dirais que cela traduit un véritable besoin de réflexion.

.... **h.** LE JOURNALISTE : D'accord. Et, concrètement, comment se déroule une séance ?

.... **i.** M. REGNAULT : Le premier a été lancé par Marc Sautet au Café des Phares, place de la Bastille, à Paris en 1992. À présent on en trouve un peu partout en France, mais principalement dans les grandes villes, bien sûr.

En situation

> ### ›Livre sur mesure

a) Écoutez l'enregistrement et cochez les bonnes réponses.

❏ **1.** Deux amies parlent d'un nouveau concept de livre.

❏ **2.** On peut trouver ces livres dans des librairies.

❏ **3.** Ces livres sont écrits à la demande de particuliers.

❏ **4.** Ces livres sont destinés uniquement à un public adulte.

b) Complétez l'annonce publicitaire suivante. ⓘ

Vous cherchez une idée originale de cadeau ?

La maison d'édition COMEDIA propose

le concept de ....

Vous avez le choix entre différents ....

C'est vous aussi qui choisissez le ....

Pour cela nous vous demandons de remplir

un ....

Et, quelques jours plus tard, le destinataire,

de ce cadeau ....

Prix : 39 euros.

Blanc comme neige

DIMANCHE GLACÉ POUR LAETITIA

ÉDITIONS COMEDIA

11 ⓘ

Vous désirez, vous aussi, offrir un livre personnalisé. Sur une feuille séparée, rédigez la dernière page de ce livre.

Choisissez :
– une personne dans la classe à qui vous voulez offrir ce cadeau ;
– le genre du roman : policier, sentimental, historique, d'aventures ou d'espionnage.
Donnez un titre à ce roman.

Du côté du LEXIQUE

› Autour de la santé

Associez les formules de sens équivalents.

1. manquer de certaines vitamines et minéraux
2. nourrir son bébé
3. fumer moins
4. une alimentation pas saine
5. dormir mal
6. avoir peu ou pas d'activité physique

a. être sédentaire
b. réduire sa consommation de tabac
c. avoir des troubles du sommeil
d. allaiter son enfant
e. la malbouffe
f. avoir des carences nutritionnelles

Du côté de la GRAMMAIRE

› Structurer un texte explicatif

Complétez le texte avec *d'une part, d'un côté, d'un autre côté, d'autre part, avant tout* ou *plus précisément*.

L'université de Grenoble prend soin .... de la santé de ses étudiants. Dans ce but,

elle leur propose .... des consultations gratuites auprès de nutritionnistes,

.... des menus adaptés à chacun dans le restaurant universitaire. Il s'agit ....

de combattre tout déséquilibre alimentaire : .... en prévenant les carences nutritionnelles et

.... en combattant la prise de poids due à des excès alimentaires.

› Exprimer une conséquence positive/négative

Reformulez en utilisant les verbes suivants. (Plusieurs réponses sont possibles.)

faciliter – rendre – permettre de – entraîner – provoquer – aggraver – favoriser – c'est bon/mauvais pour

1. Le tabac fait jaunir les dents.

....

2. Fixer une lumière intense peut entraîner des troubles de la vision.

....

3. La marche à pied, c'est bon pour la circulation du sang.

....

4. Un proverbe dit qu'on devient aimable en mangeant des carottes.

....

❯ L'imparfait ou le conditionnel pour faire un reproche

4

Adressez un reproche aux personnes ci-dessous. Utilisez les expressions suivantes selon les situations.

tu (n')aurais (pas) / vous (n')auriez (pas) dû + infinitif – tu aurais / vous auriez pu + infinitif – il (ne) fallait (pas) + infinitif – tu pourrais / vous pourriez + infinitif

1. À vos amis qui ne vous ont pas attendu comme promis pour sortir.

....

2. À un jeune garçon : il a lancé un ballon qui a frôlé votre tête.

....

3. À un ami à qui vous avez prêté un livre et qui vous le rend en mauvais état.

....

4. À un automobiliste qui est en train de se garer devant votre porte d'entrée et en bloque l'accès.

....

5. À votre neveu qui a bu beaucoup de café et qui n'arrive pas à dormir.

....

Du côté de la **COMMUNICATION**

❯ Faire un reproche

5

Observez le dessin. Sur une feuille séparée, imaginez les reproches des parents à la jeune fille au pair.

En situation

› Soyons aimables !

6 **25**

Écoutez l'enregistrement.
Puis, sur une feuille séparée, rédigez un message sur un site d'information participatif pour annoncer l'évènement dont on parle.

> @ posté par **LILI Marseille** (voir son **profil**) Vu 134 fois

7 📖 ◑

a) Lisez l'éditorial puis cochez les bonnes réponses.

Ce mois-ci vous allez découvrir, en page 65, l'enquête sur les incivilités au volant que nous avons réalisée dans dix grandes villes de France : on y parle d'impatience au volant, de non-respect des
5 passages pour piétons, de coups de klaxon répétés et autres manifestations désagréables… Pour ma part, je voudrais vous raconter l'anecdote suivante.

Hier soir, comme d'habitude, je tournais en rond, dans l'espoir de trouver une place de stationnement
10 près de chez moi. Et tout à coup, ô joie ! j'en vois une… Mais trop tard : un automobiliste, qui avait pourtant compris mes intentions, vient se garer à l'endroit désiré. Je proteste mais il ne veut rien entendre. Encore un bel exemple d'incivilité, et
15 de grossièreté même ! Désespérée, je continue ma ronde et repasse une nouvelle fois à l'endroit où j'avais failli occuper une place. J'aperçois alors un monsieur au volant de sa voiture stationnée qui me fait des signes de la main ; arrivée à sa hauteur, je
20 l'entends me dire : « Tout à l'heure, j'allais partir, et j'ai vu la scène ; alors, je vous ai attendue pour que vous puissiez profiter de la place que je libère. »

Voilà, c'était pour vous dire que, heureusement, on peut trouver aussi des exemples d'amabilité au volant !

25 Bonne lecture !

Agnès Ducruet,
rédactrice en chef de *Model Auto*

❑ **1.** Il s'agit de l'éditorial du magazine *Model Auto*.
❑ **2.** Le numéro du mois est entièrement consacré aux comportements incorrects des automobilistes au volant.
❑ **3.** La journaliste qui s'exprime a été victime d'un de ces comportements indélicats.
❑ **4.** Elle explique que la politesse au volant n'est plus d'actualité.

b) Vous êtes l'automobiliste qui a adressé la parole à la journaliste. À votre tour, vous racontez l'anecdote sur le forum du magazine *Model Auto*.
Sur une feuille séparée, rédigez votre témoignage.

> @ http://www.modelauto

PORTFOLIO

Je peux comprendre	À l'oral Acquis +	À l'oral En cours d'acquisition +/−	À l'écrit Acquis +	À l'écrit En cours d'acquisition +/−
– des échanges sur une page de réseau social			○	○
– quand quelqu'un parle d'une relation amicale	○	○	○	○
– quand quelqu'un définit un type de relation	○	○	○	○
– quand quelqu'un décrit le caractère d'une personne, ses qualités et ses défauts	○	○	○	○
– quand quelqu'un évoque une personne importante pour lui	○	○	○	○
– quand quelqu'un rend hommage à quelqu'un	○	○	○	○
– une affiche annonçant un évènement social			○	○
– un court article de journal rapportant un évènement			○	○
– quand quelqu'un décrit un évènement culturel	○	○	○	○
– quand quelqu'un fait l'historique d'un évènement	○	○	○	○
– quand quelqu'un décrit des relations de voisinage	○	○	○	○
– quand quelqu'un décrit les fonctions d'une personne	○	○	○	○
– quand quelqu'un exprime une opinion positive sur quelqu'un	○	○	○	○
– quand quelqu'un exprime une opinion négative sur quelqu'un	○	○	○	○
– quand quelqu'un rapporte les paroles de quelqu'un	○	○	○	○
– quand quelqu'un évoque des changements	○	○	○	○
– quand quelqu'un compare une situation passée et une situation présente	○	○	○	○
– quand quelqu'un exprime sa satisfaction, son mécontentement	○	○	○	○
– un article de magazine			○	○
– quand quelqu'un rapporte une rencontre	○	○	○	○
– quand quelqu'un précise les circonstances d'un évènement, d'une rencontre	○	○	○	○
– quand quelqu'un raconte les suites d'une rencontre	○	○	○	○
– quand quelqu'un décrit physiquement une personne	○	○	○	○
– quand quelqu'un rapporte des sentiments, des réactions	○	○	○	○
– le style d'un texte littéraire			○	○

Pour m'exprimer et interagir, je peux	À l'oral Acquis +	À l'oral En cours d'acquisition +/−	À l'écrit Acquis +	À l'écrit En cours d'acquisition +/−
– donner une définition de l'amitié	○	○	○	○
– reformuler une définition	○	○	○	○
– parler de mes relations amicales	○	○	○	○
– donner des exemples pour illustrer mes propos	○	○	○	○
– rendre hommage à quelqu'un	○	○	○	○
– présenter quelqu'un	○	○	○	○
– préciser le lien entre les personnes	○	○	○	○
– décrire le caractère, la personnalité de quelqu'un	○	○	○	○
– indiquer des qualités et des défauts	○	○	○	○
– rapporter une rencontre	○	○	○	○
– rapporter les paroles de quelqu'un	○	○	○	○
– parler de mes relations avec mes voisins	○	○	○	○
– comparer	○	○	○	○
– donner mon avis sur un évènement	○	○	○	○
– décrire des changements	○	○	○	○

Dossier 1

	À l'oral		À l'écrit	
	Acquis +	En cours d'acquisition +/–	Acquis +	En cours d'acquisition +/–
– raconter une rencontre	○	○	○	○
– évoquer des circonstances	○	○	○	○
– préciser les différents moments d'un évènement	○	○	○	○
– décrire physiquement une personne	○	○	○	○
– exprimer des réactions, des sentiments	○	○	○	○
– donner mon opinion sur un texte littéraire	○	○	○	○

Portfolio Dossier 2

	À l'oral		À l'écrit	
	Acquis +	En cours d'acquisition +/–	Acquis +	En cours d'acquisition +/–
Je peux comprendre				
– une chronique radiophonique, en identifier le thème	○	○		
– quand quelqu'un témoigne sur sa formation professionnelle	○	○	○	○
– quand quelqu'un évoque son éducation scolaire, ses études	○	○	○	○
– quand quelqu'un précise les objectifs d'un programme de formation	○	○	○	○
– quand quelqu'un raconte une expérience formative	○	○	○	○
– quand quelqu'un exprime un jugement sur un programme de formation	○	○	○	○
– quand quelqu'un parle de son expérience professionnelle	○	○	○	○
– quand quelqu'un décrit son emploi, précise les tâches à effectuer	○	○	○	○
– quand quelqu'un précise la rémunération	○	○	○	○
– quand quelqu'un justifie sa satisfaction ou son mécontentement	○	○	○	○
– une offre d'emploi			○	○
– une annonce de recherche d'emploi			○	○
– un CV (curriculum vitae)			○	○
– un mail de motivation			○	○
– quand quelqu'un se présente dans un contexte professionnel	○	○	○	○
– quand quelqu'un décrit le profil recherché pour un poste	○	○	○	○
– quand quelqu'un évoque les qualités requises pour un emploi	○	○	○	○
– quand quelqu'un présente son CV	○	○	○	○
– quand quelqu'un donne des informations sur sa formation	○	○	○	○
– quand quelqu'un décrit ses compétences	○	○	○	○
– quand quelqu'un évoque son expérience professionnelle, son parcours	○	○	○	○
– quand quelqu'un exprime sa motivation	○	○	○	○
– quand quelqu'un passe un entretien d'embauche	○	○	○	○
– une liste de conseils sur le comportement et l'entretien d'embauche	○	○	○	○
– des informations statistiques sur l'emploi	○	○	○	○
– quand quelqu'un formule des conseils	○	○	○	○
– quand quelqu'un décrit des comportements	○	○	○	○
– quand quelqu'un utilise différents registres de langue	○	○		
– quand quelqu'un simule / passe un entretien d'embauche	○	○		
– quand quelqu'un évalue un entretien d'embauche	○	○	○	○
– quand quelqu'un exprime la nécessité de changements	○	○	○	○
– le système éducatif français			○	○

Dossier 2

Pour m'exprimer et interagir, je peux	À l'oral — Acquis +	À l'oral — En cours d'acquisition +/−	À l'écrit — Acquis +	À l'écrit — En cours d'acquisition +/−
– donner mon opinion sur un programme de formation	☐	☐	☐	☐
– raconter une expérience d'études / d'échange	☐	☐	☐	☐
– donner les raisons de mon choix	☐	☐	☐	☐
– parler d'une expérience professionnelle	☐	☐	☐	☐
– exprimer des sentiments et des jugements sur cette expérience	☐	☐	☐	☐
– décrire des tâches	☐	☐	☐	☐
– donner mon opinion sur le bilan de cette expérience	☐	☐	☐	☐
– rédiger une annonce d'offre d'emploi			☐	☐
– élaborer un bref CV pour postuler à un emploi			☐	☐
– donner mon avis sur un CV	☐	☐	☐	☐
– indiquer les qualités pour un emploi	☐	☐	☐	☐
– exprimer ma motivation	☐	☐	☐	☐
– me présenter dans un contexte professionnel	☐	☐	☐	☐
– donner des conseils pour la recherche d'emploi	☐	☐	☐	☐
– simuler un entretien d'embauche	☐	☐		
– choisir un registre de langue adapté	☐	☐		
– donner des conseils pour une recherche d'emploi, pour un entretien d'embauche	☐	☐	☐	☐
– évaluer un entretien d'embauche	☐	☐	☐	☐
– indiquer des changements nécessaires	☐	☐	☐	☐
– comparer des systèmes éducatifs	☐	☐	☐	☐

Portfolio Dossier 3

Je peux comprendre	À l'oral — Acquis +	À l'oral — En cours d'acquisition +/−	À l'écrit — Acquis +	À l'écrit — En cours d'acquisition +/−
– une courte interview à la radio	☐	☐		
– de courts extraits de presse			☐	☐
– de brèves critiques littéraires			☐	☐
– une enquête sur la société			☐	☐
– quand quelqu'un décrit des mentalités	☐	☐	☐	☐
– quand quelqu'un évoque des modes de vie	☐	☐	☐	☐
– quand quelqu'un exprime son opinion sur un pays ou ses habitants	☐	☐	☐	☐
– quand quelqu'un exprime son opinion sur un livre	☐	☐	☐	☐
– quand quelqu'un donne des informations sur la société	☐	☐	☐	☐
– quand quelqu'un formule des pourcentages	☐	☐	☐	☐
– quand quelqu'un définit des stéréotypes	☐	☐	☐	☐

	À l'oral		À l'écrit	
	Acquis	**En cours d'acquisition**	**Acquis**	**En cours d'acquisition**
	+	**+/–**	**+**	**+/–**
– un questionnaire, un témoignage sur un changement de vie	○	○	○	○
– quand quelqu'un décrit ses conditions de vie, son environnement	○	○	○	○
– quand quelqu'un donne son point de vue comparatif sur deux pays	○	○	○	○
– quand quelqu'un exprime son ressenti concernant un changement de vie	○	○	○	○
– quand quelqu'un parle de ses difficultés	○	○	○	○
– quand quelqu'un s'explique sur ses choix	○	○	○	○
– quand quelqu'un évoque les différentes étapes d'un changement de vie	○	○	○	○
– quand quelqu'un décrit des différences culturelles	○	○	○	○
– quand quelqu'un évoque des malentendus	○	○	○	○
– quand quelqu'un explique des règles de savoir-vivre	○	○	○	○
– une enquête sur la qualité de la vie			○	○
– une étude comparative			○	○
– quand quelqu'un décrit un lieu de vie	○	○	○	○
– quand quelqu'un compare des lieux, villes, pays, quartiers	○	○	○	○
– quand quelqu'un parle du niveau de vie	○	○	○	○
– quand quelqu'un décrit des activités de loisirs culturelles, touristiques	○	○	○	○
– quand quelqu'un parle de la relation entre deux peuples	○	○	○	○
– quand quelqu'un raconte un quiproquo	○	○	○	○
Pour m'exprimer et interagir, je peux				
– exprimer mon opinion sur un pays et ses habitants	○	○	○	○
– comparer des modes de vie, des mentalités, des conditions de vie	○	○	○	○
– classer des pourcentages statistiques	○	○	○	○
– identifier des points communs et des différences	○	○	○	○
– définir des stéréotypes nationaux	○	○	○	○
– rapporter des blagues	○	○	○	○
– faire la promotion de mon pays	○	○	○	○
– rédiger un questionnaire			○	○
– témoigner sur une expérience de changement de vie	○	○	○	○
– évoquer différentes étapes d'un changement de vie	○	○	○	○
– exprimer mon ressenti par rapport à ce changement	○	○	○	○
– interroger sur le ressenti, le point de vue de quelqu'un	○	○	○	○
– interroger sur les conditions de vie	○	○	○	○
– exprimer mon ressenti sur les différences culturelles	○	○	○	○
– parler des règles de savoir-vivre de mon pays	○	○	○	○
– rapporter les résultats d'une enquête	○	○	○	○
– comparer la qualité de plusieurs villes, lieux de vie	○	○	○	○
– comparer la quantité d'infrastructures de différents lieux	○	○	○	○
– parler des transports	○	○	○	○
– évoquer les activités de loisirs, culturelles ou autres	○	○	○	○
– expliquer mon choix de vie	○	○	○	○
– décrire les avantages et les inconvénients d'un lieu de vie	○	○	○	○
– raconter un quiproquo, un malentendu	○	○	○	○

	À l'oral		À l'écrit	
	Acquis	**En cours d'acquisition**	**Acquis**	**En cours d'acquisition**
	+	**+/−**	**+**	**+/−**
Je peux comprendre				
– une page de site d'informations de type participatif			○	○
– les spécificités d'un blog			○	○
– quand quelqu'un rapporte un évènement sur un site			○	○
– quand quelqu'un en précise la situation, le contexte	○	○	○	○
– quand quelqu'un en évoque la raison	○	○	○	○
– quand quelqu'un précise l'objectif de l'évènement	○	○	○	○
– quand quelqu'un fait une suggestion, incite à agir	○	○	○	○
– des rubriques et des sous-rubriques de presse			○	○
– des titres d'article de presse			○	○
– des informations à la radio	○	○		
– un programme de télévision			○	○
– des commentaires, des appréciations sur des émissions	○	○	○	○
– un court article de presse			○	○
– un fait divers	○	○	○	○
– le déroulement des faits	○	○	○	○
– un avis de recherche			○	○
– quand quelqu'un témoigne sur un évènement, un fait divers	○	○	○	○
– quand quelqu'un parle de superstitions	○	○	○	○
Pour m'exprimer et interagir, je peux				
– donner mon avis sur une initiative culturelle / artistique	○	○		
– rapporter un évènement, son objectif	○	○	○	○
– parler de ma fréquentation / de ma pratique des blogs	○	○		
– faire des suggestions, inciter à agir	○	○	○	○
– rédiger la page d'accueil d'un blog			○	○
– rédiger un billet sur un blog			○	○
– rédiger la une d'un quotidien			○	○
– rédiger des titres et des sous-titres			○	○
– rédiger de courts articles de presse			○	○
– décrire et comparer des programmes de télévision	○	○	○	○
– présenter une émission	○	○	○	○
– exprimer une appréciation sur une émission, un programme	○	○	○	○
– exprimer une opinion simple, réagir	○	○	○	○
– raconter un fait divers	○	○	○	○
– témoigner	○	○	○	○
– préciser les faits	○	○	○	○
– rapporter des circonstances	○	○	○	○
– évoquer des conséquences	○	○	○	○
– parler des superstitions	○	○	○	○

	À l'oral		À l'écrit	
	Acquis	En cours d'acquisition	Acquis	En cours d'acquisition
	+	+/−	+	+/−

Je peux comprendre

	+	+/−	+	+/−
– l'annonce d'un évènement culturel dans la presse			○	○
– la présentation d'un film sur un site Internet : fiche technique et synopsis			○	○
– quand quelqu'un parle de cinéma	○	○	○	○
– quand quelqu'un évoque le parcours et le succès d'un film	○	○	○	○
– quand quelqu'un présente un film	○	○	○	○
– quand quelqu'un exprime des appréciations, des commentaires sur un film	○	○	○	○
– une lettre d'une association présentant les activités aux adhérents			○	○
– quand quelqu'un évoque des activités de loisirs	○	○	○	○
– quand quelqu'un incite à pratiquer une activité	○	○	○	○
– quand quelqu'un réagit à une proposition d'activité	○	○	○	○
– quand quelqu'un parle de ses activités de loisirs	○	○	○	○
– quand quelqu'un s'exprime sur la vie associative	○	○	○	○
– quand quelqu'un donne son avis sur sa pratique d'activité	○	○	○	○
– un dépliant touristique			○	○
– quand quelqu'un évoque différents types d'activités touristiques	○	○	○	○
– quand quelqu'un fait une réservation touristique	○	○	○	○
– quand quelqu'un donne des informations détaillées sur une prestation touristique	○	○	○	○
– quand quelqu'un présente une manifestation festive	○	○	○	○

Pour m'exprimer et interagir, je peux

	+	+/−	+	+/−
– parler de cinéma (acteur, réalisateur, scénario…)	○	○	○	○
– indiquer mes genres de films préférés	○	○	○	○
– présenter un film	○	○	○	○
– exprimer des appréciations sur un film	○	○	○	○
– justifier mon choix par un commentaire critique simple	○	○	○	○
– parler d'activités de loisirs (culturelles ou sportives)	○	○	○	○
– encourager quelqu'un à participer à une activité	○	○	○	○
– évoquer mon expérience de pratique d'activité	○	○	○	○
– parler de la vie associative	○	○	○	○
– inciter quelqu'un à rejoindre une association	○	○	○	○
– présenter des propositions de loisirs touristiques	○	○	○	○
– exprimer un avis sur des loisirs touristiques	○	○	○	○
– comparer des habitudes touristiques	○	○	○	○
– expliquer le programme d'une activité touristique	○	○	○	○
– demander des précisions sur une prestation touristique, par téléphone	○	○		
– confirmer une réservation touristique par mail			○	○
– évoquer des manifestations festives (thèmes, dates, organisation)	○	○	○	○

	À l'oral		À l'écrit	
	Acquis	En cours d'acquisition	Acquis	En cours d'acquisition
	+	+/−	+	+/−

Je peux comprendre

	+ (oral)	+/− (oral)	+ (écrit)	+/− (écrit)
– une interview dans un magazine			○	○
– le thème d'une chanson, d'une discussion	○	○	○	○
– un courrier de vœux du Nouvel An			○	○
– quand quelqu'un parle d'une chanson et de son histoire	○	○	○	○
– quand quelqu'un évoque les étapes de sa carrière	○	○	○	○
– quand quelqu'un exprime des sentiments, des peurs	○	○	○	○
– quand quelqu'un exprime des souhaits, des espoirs	○	○	○	○
– quand quelqu'un fait des vœux	○	○	○	○
– quand quelqu'un fait des suggestions de façons variées	○	○	○	○
– quand quelqu'un exprime des objectifs, des buts	○	○	○	○
– quand quelqu'un parle de ses centres d'intérêt	○	○	○	○
– quand quelqu'un évoque ses engagements	○	○	○	○
– quand quelqu'un présente un projet	○	○	○	○
– quand quelqu'un imagine une situation hypothétique, irréelle	○	○	○	○
– quand quelqu'un exprime sa position sur un évènement, un projet	○	○	○	○
– quand quelqu'un présente un livre et sa genèse	○	○	○	○
– quand quelqu'un fait le résumé d'un livre	○	○	○	○
– quand quelqu'un raconte un voyage	○	○	○	○
– quand quelqu'un exprime des causes	○	○	○	○
– quand quelqu'un exprime des conséquences	○	○	○	○
– quand quelqu'un donne son avis sur un film documentaire	○	○	○	○
– quand quelqu'un exprime son accord, son désaccord	○	○	○	○
– quand quelqu'un justifie ses choix en utilisant la cause, la conséquence	○	○	○	○
– quand quelqu'un se présente au travers d'hypothèses	○	○	○	○
– quand quelqu'un parle des immigrés de son pays	○	○	○	○

Pour m'exprimer et interagir, je peux

	+ (oral)	+/− (oral)	+ (écrit)	+/− (écrit)
– parler d'un groupe musical, d'une chanson	○	○	○	○
– exprimer des souhaits, des vœux	○	○	○	○
– faire des suggestions	○	○	○	○
– parler de mes centres d'intérêt, de mes engagements	○	○	○	○
– rapporter une expérience liée à des engagements	○	○	○	○
– présenter un projet	○	○	○	○
– imaginer une situation hypothétique, irréelle	○	○	○	○
– raconter un voyage	○	○	○	○
– présenter le thème d'un livre	○	○	○	○
– exprimer la cause, la conséquence	○	○	○	○
– donner mon avis dans une discussion	○	○		
– exprimer mon accord, mon désaccord	○	○	○	○
– présenter et résumer un livre ou un film, exprimer mon appréciation	○	○	○	○
– justifier mon opinion en utilisant des arguments simples	○	○	○	○
– interroger quelqu'un pour mieux le connaître	○	○	○	○
– me présenter au travers d'hypothèses	○	○	○	○

	À l'oral		À l'écrit	
	Acquis	En cours d'acquisition	Acquis	En cours d'acquisition
	+	+/−	+	+/−

Je peux comprendre

	À l'oral Acquis +	En cours +/−	À l'écrit Acquis +	En cours +/−
– une jaquette de DVD de spectacle			☐	☐
– un court sketch humoristique	☐	☐		
– un article de presse annonçant un spectacle			☐	☐
– quand quelqu'un évoque des changements de vie	☐	☐	☐	☐
– quand quelqu'un parle de réorientation professionnelle	☐	☐	☐	☐
– quand quelqu'un raconte l'histoire d'un spectacle	☐	☐	☐	☐
– quand quelqu'un évoque la vie d'une personne	☐	☐	☐	☐
– quand quelqu'un indique la chronologie de diverses actions	☐	☐	☐	☐
– quand quelqu'un parle des métiers généralement masculins et des métiers généralement féminins	☐	☐	☐	☐
– quand quelqu'un rapporte une conversation	☐	☐	☐	☐
– quand quelqu'un raconte sa réussite personnelle	☐	☐	☐	☐
– quand quelqu'un exprime ses sentiments et réactions	☐	☐	☐	☐
– quand quelqu'un raconte un jour de chance	☐	☐	☐	☐
– quand quelqu'un imagine un passé différent	☐	☐	☐	☐
– quand quelqu'un exprime des regrets	☐	☐	☐	☐
– quand quelqu'un emploie des expressions imagées	☐	☐	☐	☐

Pour m'exprimer et interagir, je peux

	À l'oral Acquis +	En cours +/−	À l'écrit Acquis +	En cours +/−
– parler d'un type de spectacle	☐	☐		
– raconter le parcours de quelqu'un	☐	☐	☐	☐
– évoquer un changement de vie	☐	☐	☐	☐
– rapporter l'évènement déclencheur et le déroulement des faits	☐	☐	☐	☐
– parler de la vie et de l'action d'une personnalité	☐	☐	☐	☐
– rédiger un article sur un fait de société à partir d'une interview entendue			☐	☐
– rapporter une conversation	☐	☐	☐	☐
– raconter une réussite personnelle, un exploit	☐	☐	☐	☐
– exprimer mes sentiments et réactions	☐	☐	☐	☐
– donner mon avis sur une récompense, un trophée	☐	☐	☐	☐
– imaginer des hypothèses concernant le passé	☐	☐	☐	☐
– en déduire les conséquences sur le passé ou sur le présent	☐	☐	☐	☐
– rédiger un passage des mémoires d'une personne			☐	☐
– exprimer des regrets	☐	☐		
– employer des expressions imagées	☐	☐	☐	☐
– comparer des expressions avec ma propre langue	☐	☐	☐	☐

	À l'oral		À l'écrit	
	Acquis	**En cours d'acquisition**	**Acquis**	**En cours d'acquisition**
	+	**+/−**	**+**	**+/−**
Je peux comprendre				
– un manifeste associatif			○	○
– quand quelqu'un appelle à l'engagement	○	○	○	○
– quand quelqu'un s'exprime sur l'écologie	○	○	○	○
– quand quelqu'un parle de l'environnement	○	○	○	○
– quand quelqu'un indique une nécessité d'agir	○	○	○	○
– quand quelqu'un prend position, exprime son opinion	○	○	○	○
– quand quelqu'un parle de comportements	○	○	○	○
– la présentation radio d'une manifestation culturelle	○	○		
– des données statistiques sur la lecture			○	○
– quand quelqu'un parle de livres	○	○	○	○
– quand quelqu'un retrace l'histoire d'une manifestation	○	○	○	○
– quand quelqu'un évoque ses goûts et habitudes concernant la lecture	○	○	○	○
– quand quelqu'un parle d'un prêt d'objet	○	○	○	○
– quand quelqu'un accepte ou refuse un prêt d'objet	○	○	○	○
– quand quelqu'un expose des arguments pour une campagne sur la santé	○	○	○	○
– quand quelqu'un formule des encouragements	○	○	○	○
– quand quelqu'un formule des mises en garde	○	○	○	○
– quand quelqu'un parle de santé	○	○	○	○
– quand quelqu'un parle de nutrition	○	○	○	○
– quand quelqu'un exprime son indignation	○	○	○	○
– quand quelqu'un fait un reproche	○	○	○	○
– quand quelqu'un évoque des incivilités	○	○	○	○
– quand quelqu'un parle de l'influence d'un livre	○	○	○	○
– quand quelqu'un évoque des livres qualifiés de fondateurs en France	○	○	○	○
Pour m'exprimer et interagir, je peux				
– parler de l'environnement, de l'écologie	○	○	○	○
– donner mon opinion sur des initiatives écologiques	○	○	○	○
– rédiger un manifeste			○	○
– faire des propositions pour des affiches	○	○	○	○
– proposer des slogans	○	○	○	○
– exprimer mon opinion sur une manifestation culturelle	○	○	○	○
– évoquer mes goûts et habitudes concernant la lecture	○	○	○	○
– parler de ma motivation pour lire	○	○	○	○
– demander un prêt d'objet	○	○	○	○
– accepter / refuser un prêt d'objet	○	○	○	○
– demander de l'aide dans une situation gênante	○	○	○	○
– donner mon avis à propos d'une campagne de santé	○	○		
– formuler des arguments pour une campagne de santé	○	○	○	○
– exprimer des encouragements, des incitations	○	○	○	○
– faire des mises en garde	○	○	○	○
– exprimer des reproches	○	○	○	○
– dire mon indignation	○	○	○	○
– rapporter une situation vécue liée à l'incivilité	○	○	○	○
– parler de livres qualifiés de fondateurs en France et dans mon pays	○	○	○	○
– classer des livres par genre	○	○	○	○
– parler de livres qui m'ont marqué(e)	○	○	○	○